ラクに楽しく1時間

中学国語
ラクイチ
授業プラン

ラクイチ国語研究会 編

学事出版

まえがき

この本は「ラクに楽しく1時間」をコンセプトにした、これまでにないタイプの授業プラン集です。

教師生活をしていくと、明日の授業準備が追いつかない、次の1時間を何とか乗り切らなければならない、といったピンチに陥ることがあります。その原因は様々ですが、急に授業の代行をお願いされた、部活や行事の担当で忙しい、生徒指導に時間を取られてしまった、などがよくあるケースでしょう。

本書で紹介している「ラクイチ授業プラン」は、まさにこのような場合にうってつけのものばかりです。準備の手間をかけずに、次の1時間を乗り切ることができるような授業プランを50本集めてあります。ラクイチ授業プランの条件は以下の3つです。

1　1時間で完結する
2　準備に時間がかからない
3　誰でも実践できる

本書の授業プランは、私ひとりで考えたものではありません。この本の企画を同僚や友人の教師に話していくうちに、趣旨に賛同して協力してくれる人が増えていきました。また、様々な媒体にある多くの先行実践を参考にしています。

企画を進めていくうちに、この授業プランは、単に急場をしのぐだけではなく、もっと積極的な使い方もできると気付きました。例えば、教科書での学習を終えた後に発展課題として使う、研究授業や体験授業会のときに実施する、クラスの学習意欲が下がっている時に気分を変えるために取り入れる、等、様々な場面で応用的に使うことができます。

さらに、それぞれの授業プランを素材（ソフト）と学習活動（ハード）の組み合わせとして表現してあります。それらの項目を入れ替えていくことで、新たな授業プランを発想することが可能です（発想を手助けするために、巻末にカードを付けてあります）。

本書の役割は、主に2つに分けることができます。

1つは、「非常食」としての役割です。普段は職員室に置いておき、いざ時間がない、となればこの本を開いて、使えそうな授業プランを探してみてください。何かヒントが見つかるはずです。また、いくら急場をしのぐプランとはいえ、先生も生徒も笑顔で1時間を過ごせるのであれば、それに越したことはありません。そのような気持ちで著者一同執筆しています。いわば「おいしい非常食」を目指したつもりです。

もう1つは「レシピ集」としての役割です。本書に載せている授業プランは、あくまで一例。掲載された事例を参考にしながら、さらにアレンジを加えることができます。また、ソフトとハードの組み合わせを変えて、全く新しい料理（授業）を創作することも可能です。ぜひ挑戦してみてください。

多くの先生方が少しでも「ラクに楽しく」授業を行うための手助けになれば、そのような思いで作った「ラクイチ授業プラン」です。どうぞご活用ください。

ラクイチ授業研究会国語科代表　関 康平

本書の使い方

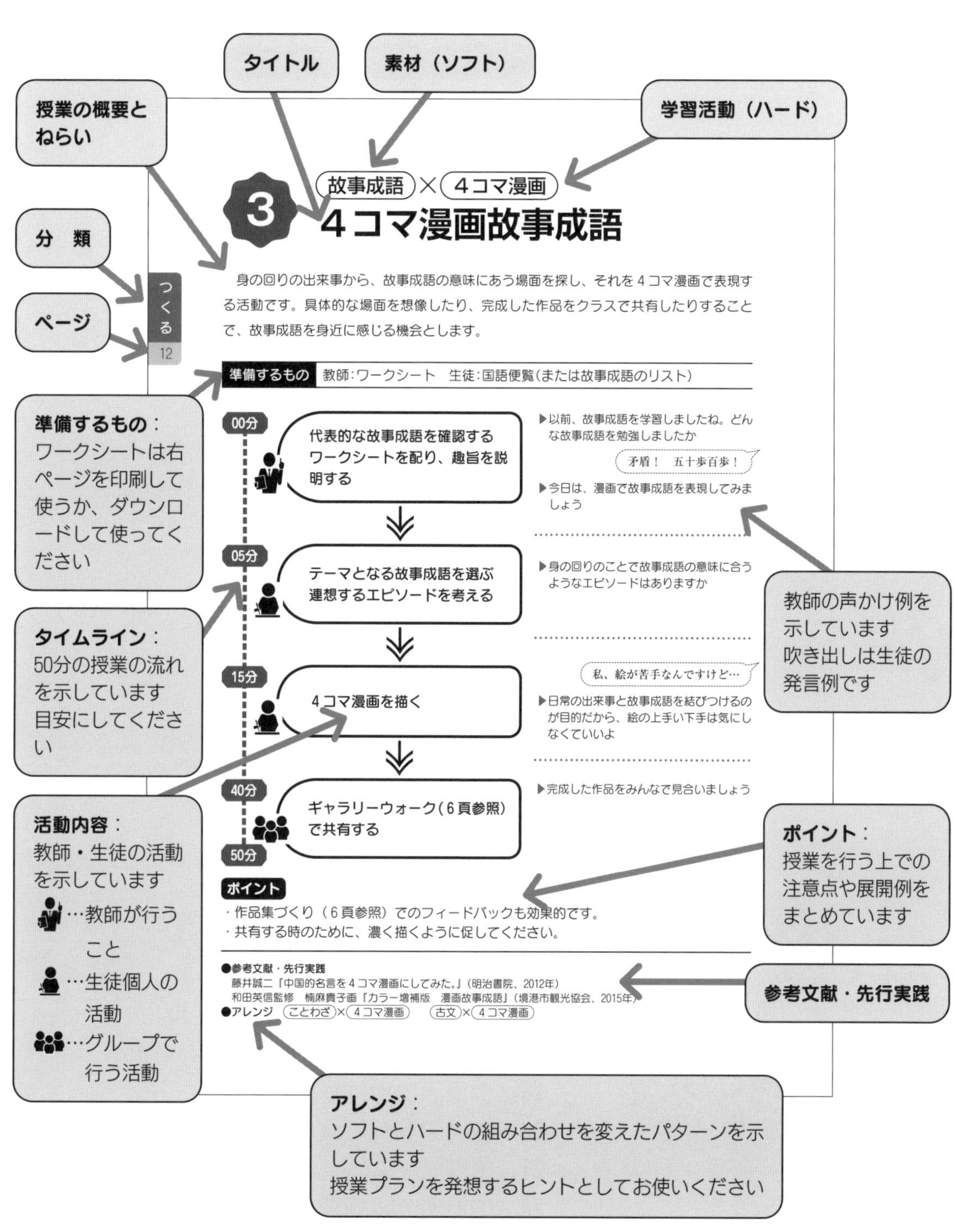

付録のカードの使い方動画はこちら
（YouTube の「ラクイチ授業研究会」にリンクします）

中学国語 ラクイチ授業プラン

―もくじ―

2
章
あそぶ
35

5章 かく 99

フィードバックの方法

授業プランの中で用いているフィードバック（活動のふりかえりや作品の共有）の方法は以下の 4 つです。適宜ご参照ください。

●グループ投票〔準備物：なし〕

手 順
・少人数のグループを組む。4、5 人が望ましい。
・グループの代表者を決める。（じゃんけんなどで決めてよい）
・お互いの作品を回し読みする。
・代表者を中心に話し合い、その中で一番よいものを選ぶ。
・代表者が、クラス全体に発表する。

●ギャラリーウォーク〔準備物：小さいマグネット（人数分）〕

手 順
・完成した作品を、マグネットを用いて黒板に貼っていく。
・生徒は自由に見てまわる。

アレンジ
・マスキングテープなどを利用し、教室の壁や廊下に貼っていく。広めのギャラリーウォークになる。
・模造紙を用意し、そこに糊付けしていく。授業後に模造紙を掲示する。

●コメントシート〔準備物：小さいコメント用紙〕

手 順
・クラスメイトの作文を読み、良かったところ、改善点などを書く。
・教師は、生徒に良いところを見つけるように促す。
・書いた紙を本人に渡す。

アレンジ
・氏名を書く欄や罫線をつけた小さなコメントシートをあらかじめ作っておき、多めに印刷しておくと、いつでも使える。
・市販の色付き付箋を利用してもよい。

●作品集づくり〔準備物：なし〕

手 順
・授業終わりに、生徒の作品を回収する。
・パソコンで入力するか、コピーを取る。
・作品データをまとめ、プリントにして次回配布する。

アレンジ
・全員分をデータ化するのは時間がかかるので、教師が良いと思ったものを選び、紹介するだけでもよい。
・時間に余裕があれば、製本すると良い記念になる。

1章　つくる

四字熟語 × 漢文

お経で四字熟語

四字熟語を複数使って、お経のような作文を書くというアクティビティーです。四字熟語をできるだけたくさん使うことで、使いこなせるようにしていきます。

準備するもの 教師:作品例のプリント、罫線ワークシート(120頁) 生徒:国語便覧(または四字熟語のリスト)、国語辞書

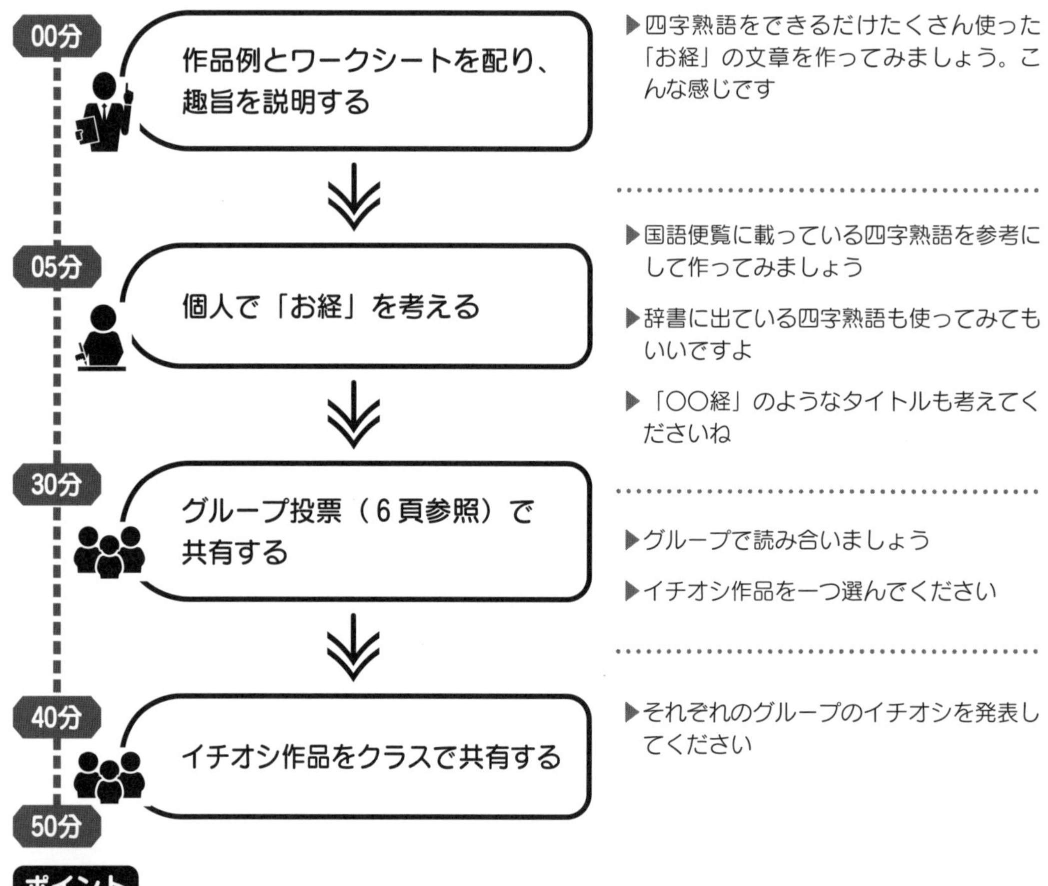

ポイント

- 必ず四字に揃えると語呂が良くなります。
- 国語の苦手な生徒には、あらかじめ上の四字熟語を示したプリントを用意するなどの支援が有効です。
- 1つのテーマについて、個人で3～4行作り、グループで合わせて10～16行のお経を作るという活動にしてもよいでしょう。
- お経のような巻紙を用意し、清書させると共有しやすくなります。

●参考文献・先行実践
阪田寛夫が「お経」という漢字だけのユニークな詩を書いています。

●アレンジ 小説×漢文 外来語×漢文

「お経で四字熟語」作品例

（例）受験絶対合格経

目標設定　一念発起
一心不乱　受験勉強
恋愛厳禁　関係途絶
携帯封印　一刀両断
○○○○　○○○○

朝乃生活経

起床五時　時期尚早
再度就寝　臨機応変
起床七時　右往左往
学校準備　東奔西走
因果応報　超反省中
徹頭徹尾　全力疾走
粉骨砕身　走走走走!!
危機一髪　予鈴同時

若者乃羅伊府経（ライフ）

古今東西　携帯所持
携帯操作　自由自在
学校給食　弱肉強食
部活朝練　朝礼遅刻
恋愛関係　竜頭蛇尾
睡眠不足　授業睡眠
修学旅行　変顔写真
定期考査　前日徹夜
長距離走　生気地獄
健康診断　体重増加

中学特有　生活行動経

中学入学　一期一会
体育大会　悪戦苦闘
定期試験　自業自得
長期休暇　一日千秋
一念発起　役員選挙
競歩大会　四苦八苦
謹賀新年　開運招来
百人一首　電光石火
合唱練習　意気投合
中学卒業　一朝一夕

学校生活経

年中行事　粉骨砕身
友達関係　共存共栄
学級目標　意味深長
定期考査　油断大敵
試験返却　自業自得
試験結果　意気消沈
一念発起　一生懸命
六限授業　眠々打破
終礼終了　電光石火
中学生活　一世一代

2 四字熟語×造語 新作四字熟語

新しい四字熟語を創作する活動です。四字熟語の特徴に注目させるとともに、誰もが共感できる内容を、簡潔に、具体的な言葉で表現させるのがねらいです。

準備するもの 教師:ワークシート　生徒:国語便覧(または四字熟語のリスト)

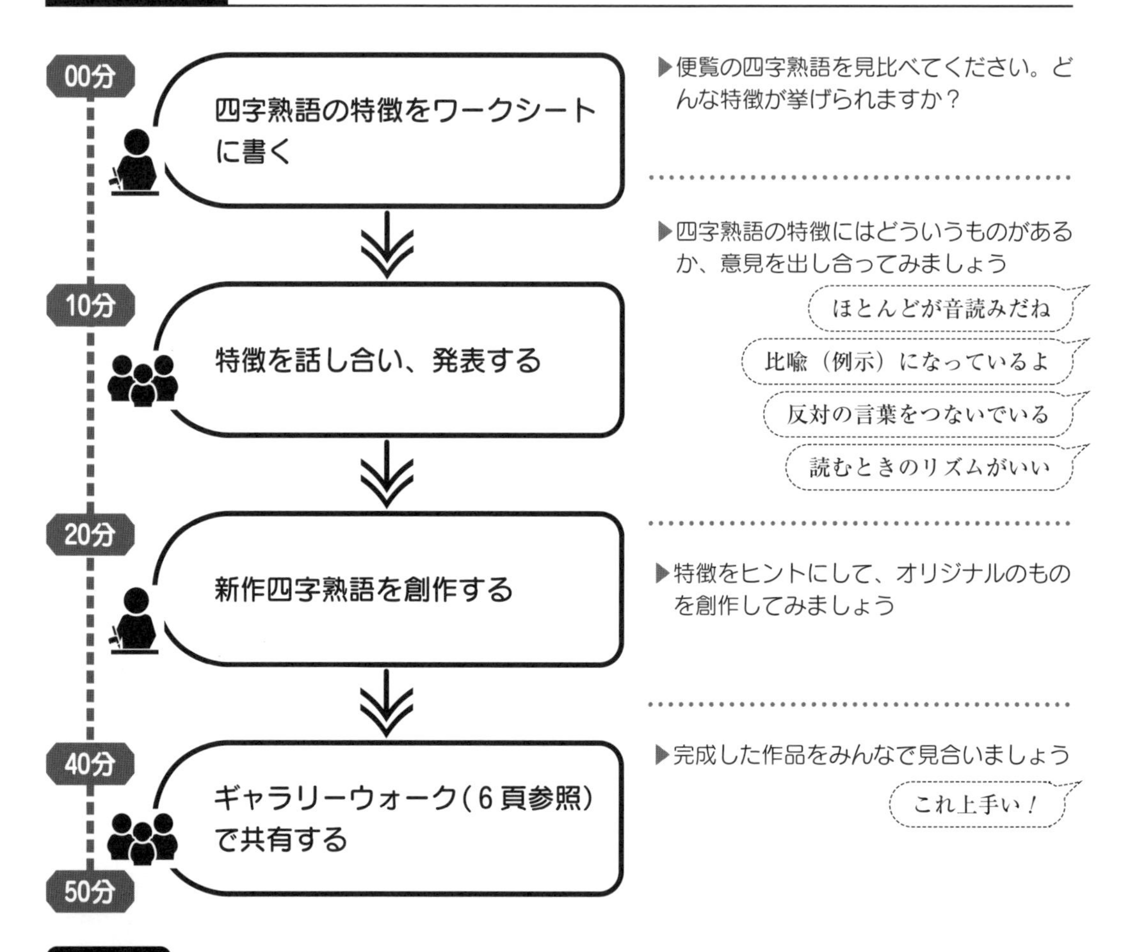

ポイント

・なかなか手が動かない生徒については、すでにある四字熟語の一部を変える、同じ意味や発想のまま、設定を現代に置き換える、など模倣を促すと書きやすくなるでしょう。
・使用例や、似た意味の四字熟語を書かせても面白くなります。

●参考文献・先行実践

NHK「テストの花道」https://www.nhk.or.jp/hanamichi/p2013/131104.html
所ジョージ『四字列語』(新潮社、1999年)
又吉直樹・田中象雨『新・四字熟語』(幻冬舎よしもと文庫、2015年)

●アレンジ ことわざ×造語　オノマトペ×造語

新作四字熟語

クラス（　　　）番号（　　　）氏名（　　　　　　　　）

課題１　四字熟語を見比べて、特徴を挙げていこう。

課題２　オリジナルの四字熟語を考えよう。

〔例〕眼鏡捜索（がんきょうそうさく）
メガネをかけているときにもメガネを探してしまうことがあるように探しているものや、大事なものは自分の身の回りにある。

（ＮＨＫ「テストの花道」面白がるチカラ！の回より）

〔新作四字熟語〕

〔読み〕

〔意味〕

故事成語×4コマ漫画
4コマ漫画故事成語

身の回りの出来事から、故事成語の意味にあう場面を探し、それを4コマ漫画で表現する活動です。具体的な場面を想像したり、完成した作品をクラスで共有したりすることで、故事成語を身近に感じる機会とします。

準備するもの 教師:ワークシート　生徒:国語便覧(または故事成語のリスト)

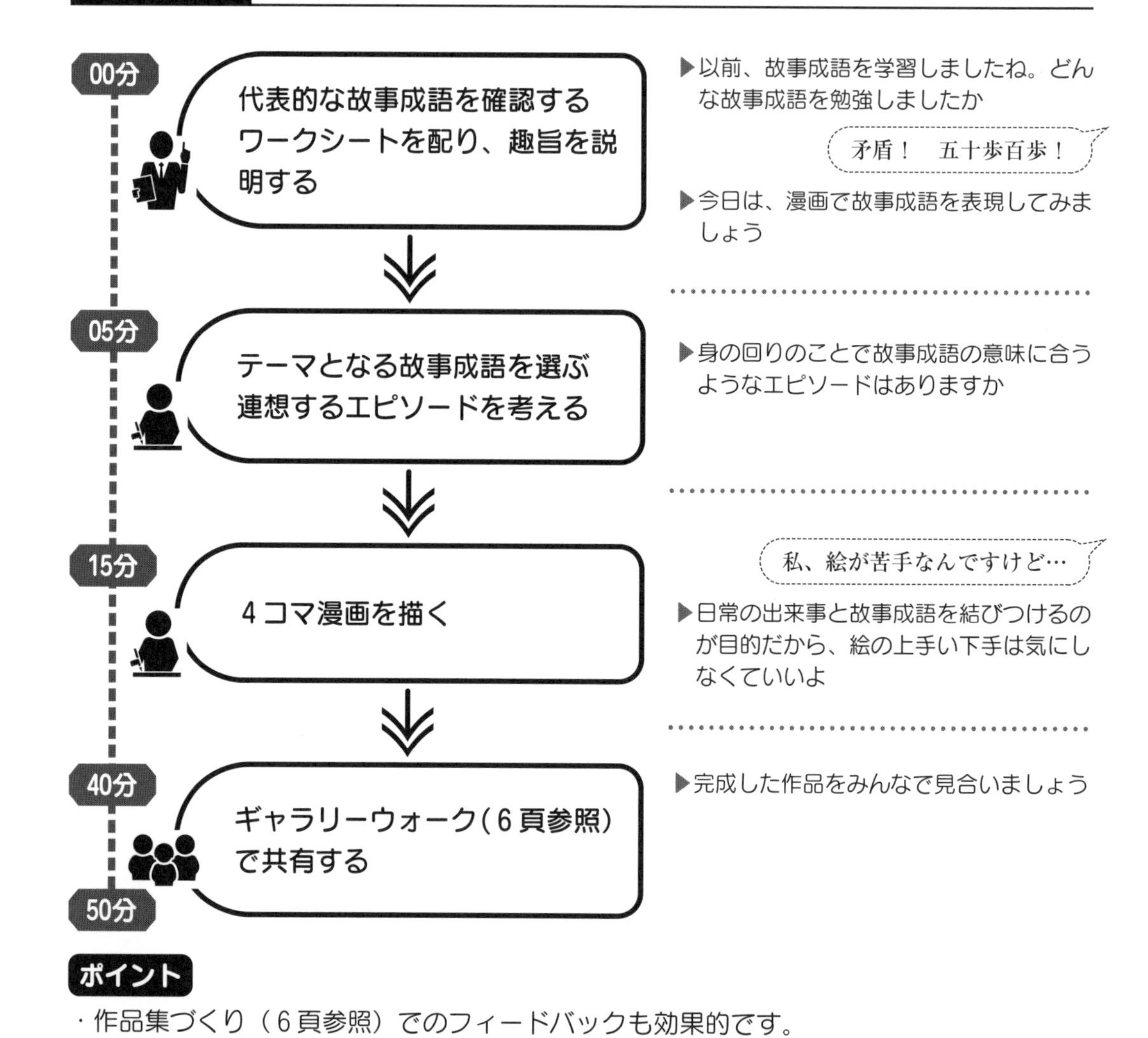

ポイント

・作品集づくり（6頁参照）でのフィードバックも効果的です。
・共有する時のために、濃く描くように促してください。

●**参考文献・先行実践**

藤井誠二『中国的名言を4コマ漫画にしてみた。』(明治書院、2012年)
和田英信監修　楠麻貴子画『カラー増補版　漫画故事成語』(境港市観光協会、2015年)

●**アレンジ**　ことわざ×4コマ漫画　　古文×4コマ漫画

4コマ漫画故事成語

クラス（　　　）　番号（　　　）　氏名（　　　　　　　　　　）

故事成語

故事成語の意味

もとになった故事

3	1
4	2

(小説)×(挿絵)

挿絵画家になろう

授業で学習した小説を題材にして、その小説に合う挿絵を考える活動です。挿絵のアイデアを考えることで、情景や人物のイメージをふくらませたり、大事だと思う場面を選択したりする力を養います。

準備するもの 教師:ワークシート　生徒:教科書

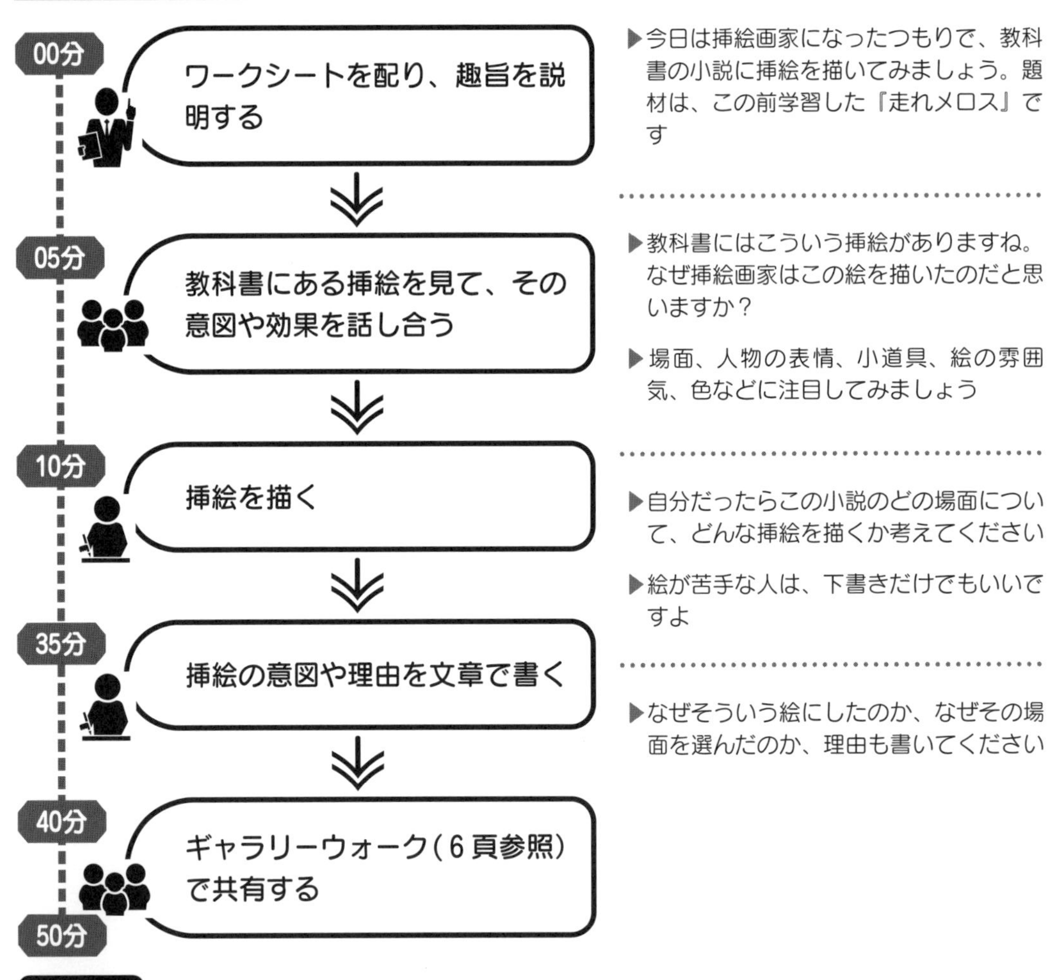

ポイント

・本文のどの場面についての挿絵なのか、ワークシートに記入させます。
・挿絵の意図や、描いた理由が客観的に説明できていれば、小説をよく読んで自分なりに理解していると言えるでしょう。
・絵が苦手な生徒には、挿絵画家に絵を発注するつもりで、どんな絵を描いてほしいかの指示書きを書くだけでもよいとし、参加を促します。

●アレンジ　(俳句)×(挿絵)　(古文)×(挿絵)

挿絵画家になろう

クラス（　　　）番号（　　　）氏名（　　　　　　　　　　）

【挿絵を載せる場面】

【挿絵の意図】

小説 × 新聞

小説をはがき新聞に

教科書教材の小説をはがき大の用紙に新聞形式でまとめる「はがき新聞」を制作します。新聞形式でまとめることで、作品の要旨を捉えたり、作品の魅力について考えて、それを工夫してまとめる学習活動にすることができます。

準備するもの 教師:はがき大の用紙(画用紙が望ましい)か、右のワークシート　生徒:色ペン・色鉛筆など

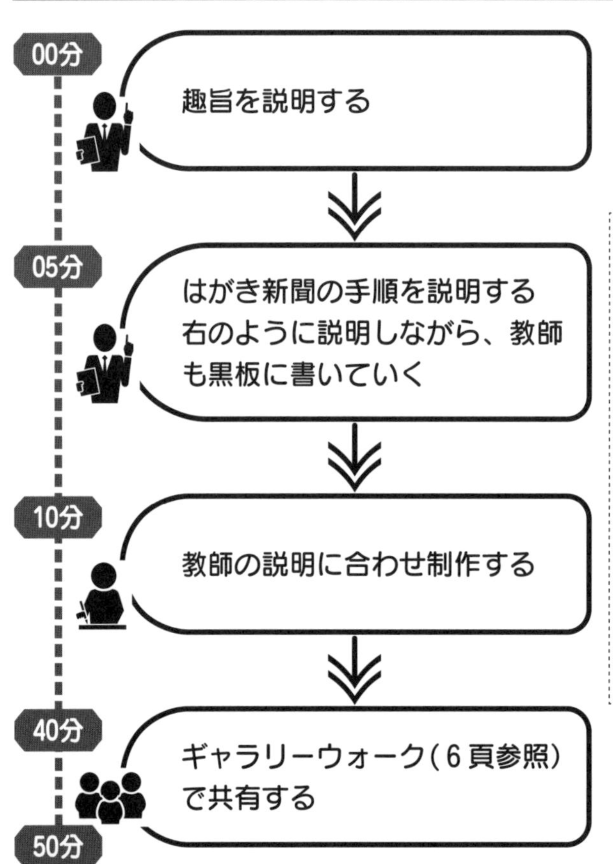

▶はがきと同じくらいの大きさの紙で、新聞を作ります。テーマは、この間学習した『走れメロス』です

▶〔①外枠の線を引く〕まず、用紙の外側に、力強く、太く、はっきりした色で線を引きましょう

▶〔②割り付けを考える〕次に題字（新聞のタイトル）のスペースを区切り、全体を三段に区切って記事の割り付けを考えましょう

▶〔③記事の見出しを書く〕記事は三つ程度です。どんな見出しだと読み手を引きつけるか、見出しの言葉を考えて書きましょう

▶〔④記事・題字を書く〕最後に、記事と題字を考えて書きましょう

ポイント

- 内容を説明する際、作品例を示すと生徒は理解しやすくなります。作品例は、理想教育財団の「はがき新聞」のサイトに多数掲載されています（https://www.riso-ef.or.jp/hagaki_top.html）。
- ワークシートを用いた場合は、手順の①と②は省略されます。
- 制作途中で、各自が考えた見出しを見合ったり、発表する活動を入れると効果的です。

●参考文献・先行実践
理想教育財団「はがき新聞」https://www.riso-ef.or.jp/hagaki_top.html

●アレンジ　読書×新聞　説明文×新聞

小説をはがき新聞に

クラス（　　）番号（　　）氏名（　　　　　　）

小説 × 作詞 作詞家になろう

授業で学習した小説を、J-POP（ポップス）の歌詞に書き換えるという活動です。書き換え練習を通して、小説のテーマについて考えさせたり、小説、詩、歌詞、それぞれの表現方法の違いに意識を向けさせせることがねらいです。

【生徒作品例121頁参照】

準備するもの 教師：ワークシート　生徒：教科書

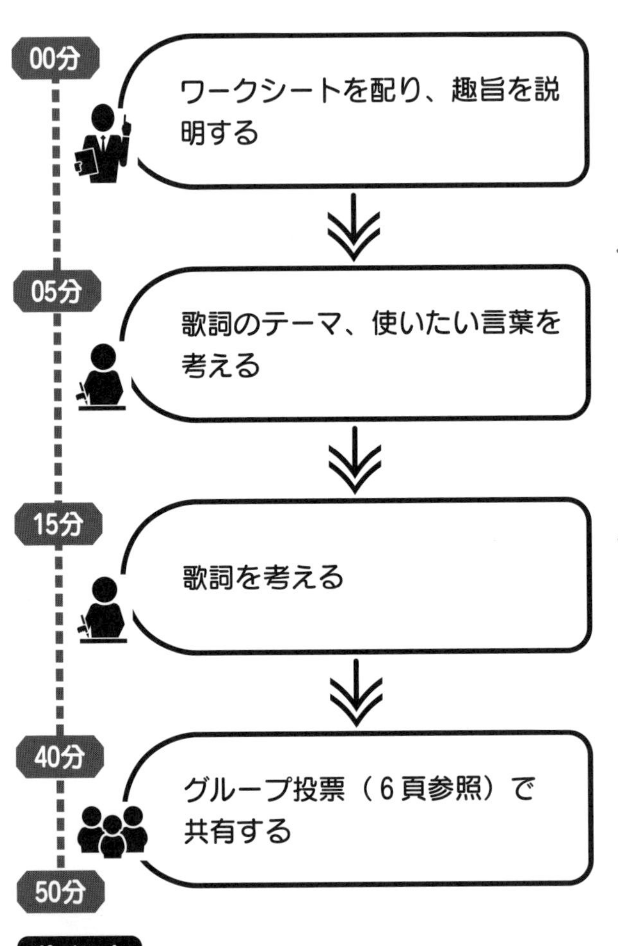

▶みなさんは、どんな歌手が好きですか？曲が好きというのはもちろんですが、歌詞に共感するという人も多いと思います

▶今日は、以前勉強した『走れメロス』をもとに、J-POP の歌詞を作詞してみましょう

▶小説をもとにして、歌詞で表現するテーマを一言であらわしてみましょう。『走れメロス』であれば、何がいいですか？

友情！　信頼！　勇者！

▶歌詞で使いたい言葉も、たくさん挙げておきましょう

▶サビは一番伝えたいところです。どんな言葉をもってきますか

▶できれば 2 番も考えてみましょう

ポイント

・授業の導入で先生の好きな歌詞の例を示すと、活動イメージがわきやすくなります。
・日本のポップスでは「1番　Aメロ―Bメロ―サビ、2番　Aメロ―Bメロ―サビ、大サビ」の構成が一般的です。

●**参考文献・先行実践**
原和久『創作力トレーニング』（岩波ジュニア新書、2005年）にある『夕鶴』での実践例を参考にしました。

●**アレンジ**　（詩）×（作詞）　（短歌）×（作詞）

作詞家になろう

クラス（　　　）番号（　　　）氏名（　　　　　　　　　　）

歌詞のテーマ〔　　　　　　　　　　　　　　〕

使いたいキーワードメモ

タイトル【　　　　　　　　　　　　　　　　　　】

◆歌詞の書き方ヒント

・耳で聴くだけで理解できるような、日常の言葉を使いましょう。

・音をそろえたり（押韻）、リフレイン（くり返し）を使ってみましょう。

・途中で一部英語を挟むのもJ-POPらしい書き方です。

読書×POP 読書紹介POP作り

書店にはたくさんのPOPが並んでいます。それに倣い、自分の好きな本についてのPOPを制作し、友達にその本の魅力を伝える活動です。良いPOPを作るには、読んだ本の内容をまとめるだけでなく、効果的に伝える力が必要となります。

準備するもの 教師:コピー用紙または画用紙(A5･B6程度)、下書き用の紙　生徒:好きな本、画材

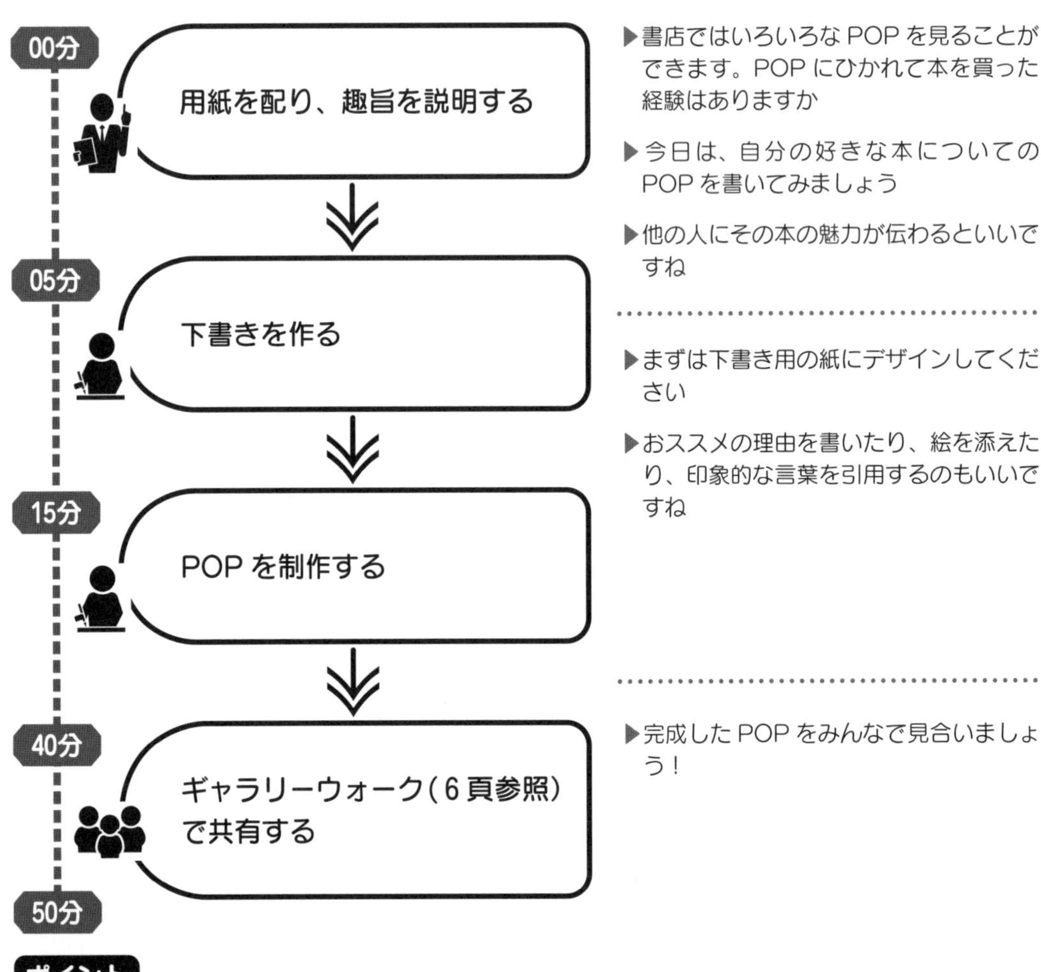

▶書店ではいろいろなPOPを見ることができます。POPにひかれて本を買った経験はありますか

▶今日は、自分の好きな本についてのPOPを書いてみましょう

▶他の人にその本の魅力が伝わるといいですね

▶まずは下書き用の紙にデザインしてください

▶おススメの理由を書いたり、絵を添えたり、印象的な言葉を引用するのもいいですね

▶完成したPOPをみんなで見合いましょう！

ポイント

・事前告知なしでもできますが、前日までに生徒に内容を伝えておき、好きな本や画材を準備させると、生徒の参加意欲が高まります。

●参考文献・先行実践

吉田和夫・稲井達也編、小中学校読書活動研究会著『これならできる！ 楽しい読書活動』(学事出版、2015年)
POP王『POP王の本！グッドセラー100&ポップ裏話』(新風舎、2006年)

●アレンジ 古文×POP　短歌×POP

読書紹介 POP作り

POP作りを通して、自分の好きな本・オススメの本を紹介しよう。

◎必ず載せる内容

・著者名　・書名　・出版社名

◎POPに書くことの例

・キャッチコピー（人目をひく言葉）

・自分の感想やコメント

・オススメする理由

・本文中の印象的な言葉の引用

～目立つPOPにするために～

・マジックや画材を使って、色をつけてみよう。

・イラストを描いてみよう。

・字のサイズや字体を変えてみよう。

・書く項目のレイアウト（配置）を工夫しよう。

《作品例》

小さな町工場からロケットを飛ばす…？

『好奇心を"天職"に変える

空想教室』

植松努　（サンクチュアリ出版）

北海道の小さな町工場を経営しながらロケットを作り、JAXAと協力して宇宙開発を行う植松さん。そんな植松さんが語る「夢の叶え方」とは。「どうせ無理…」が口ぐせになってしまったあなたへ。

8 詩×擬人化 なったつもりで

　工藤直子『のはらうた』に倣い、何かになったつもりで、一人称の詩を書く実践です。昆虫や動物はもちろん、身の回りの物をテーマにしてもいろいろと書けます。
　一人称や語尾を変えることで、擬人化したキャラクターがどういう性格になるのかを考えさせることがねらいです。【生徒作品例122頁参照】

準備するもの　教師：参考作品のプリント、罫線ワークシート（120頁）　生徒：なし

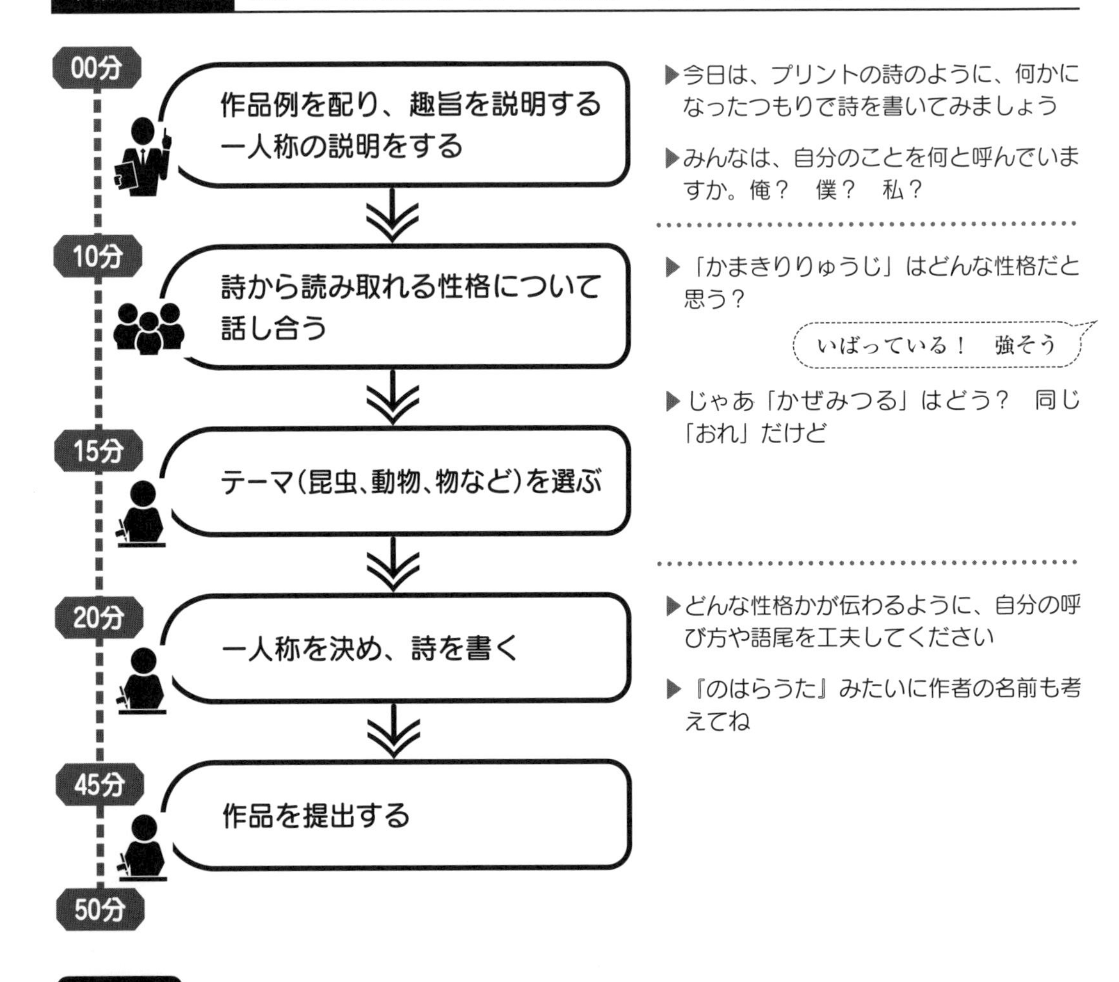

ポイント
・作品集づくり（６頁参照）でのフィードバックが効果的です。
・画用紙にマジックなどで清書させ、掲示して共有すると、より楽しめます。

●参考文献・先行実践
くどうなおこ『のはらうた Ⅰ』（童話屋、1984年）
工藤直子『子どもがつくる のはらうた 1』（童話屋、2006年）
●アレンジ　短歌×擬人化　四字熟語×擬人化

参考作品

おれはかまきり

かまきりりゅうじ

おう　なつだぜ
おれは　げんきだぜ
あまり　ちかよるな
おれの　こころも　かまも
どきどきするほど
ひかってるぜ

おう　あついぜ
おれは　がんばるぜ
もえる　ひをあびて
かまを　ふりかざす　すがた
わくわくするほど
きまってるぜ

「し」をかくひ

かぜみつる

ゆうべ
くりのきのとこ　とおったら、さ
みのむしのやつ　ないているのさ
こわいゆめ　みたのだって
まだちいさいし、な
むりないよ

おれ　あしたのぶんに　とっておいた
そよかぜをだして　ゆすってやった
みのむしのやつ　わらってねむったぜ

あんまり　かわいくて、さ
とうとう　そよかぜ　ぜんぶ
つかっちまって、さ
だから　おれ　きょう　おやすみ
ひまだから「し」かいているの

（くどうなおこ『のはらうたⅠ』より）

岩

岩ごろう

わしは岩。
でかいから雨でも動かない。
ひまだ。
ひまだ。
ひまだ。
ひまだ。
ひまだ。
ひまだ。

ねよう。

（『子どもがつくる　のはらうた１』より）

和歌×口語訳 口語で歌う「万葉集」

万葉集にある歌を口語短歌として詠みなおし、歌のもつメッセージを現代の読者に伝える実践です。この活動を通して、時代が変わっても共感できる心情や風景があると理解させることがねらいです。

準備するもの 教師：ワークシート　生徒：教科書、国語便覧、国語辞書

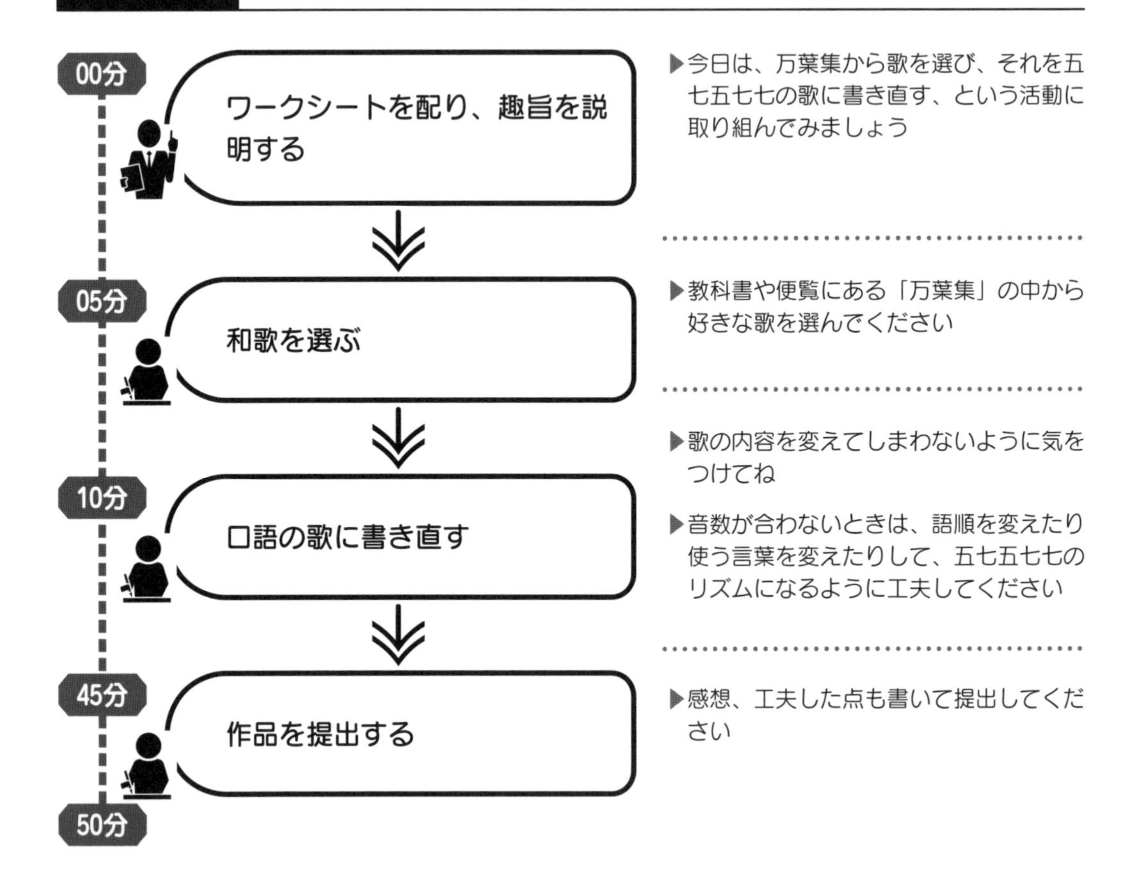

▶今日は、万葉集から歌を選び、それを五七五七七の歌に書き直す、という活動に取り組んでみましょう

▶教科書や便覧にある「万葉集」の中から好きな歌を選んでください

▶歌の内容を変えてしまわないように気をつけてね

▶音数が合わないときは、語順を変えたり使う言葉を変えたりして、五七五七七のリズムになるように工夫してください

▶感想、工夫した点も書いて提出してください

ポイント

・歌の内容、作品のメッセージは変えずに、現代におきかえて口語の五七五七七に直す、ということを意識させてください。
・平安期の和歌でもできますが、技巧化しているぶん子どもたちには難しいようです。
・作品集づくり（6頁参照）でのフィードバックが効果的です。

●参考文献・先行実践

俵万智『みだれ髪　チョコレート語訳』（河出文庫、2002年）

●アレンジ 短歌×口語訳　ことわざ×口語訳

口語で歌う「万葉集」

クラス（　　）番号（　　）氏名（　　　　　　）

やは肌のあつき血汐にふれも見でさびしからずや道を説く君　　与謝野晶子

➡ 燃える肌を抱くこともなく人生を語り続けて寂しくないの　　俵万智

（俵万智『みだれ髪　チョコレート語訳』より）

君待つと我が恋ひ居れば我が屋戸のすだれ動かし秋の風吹く　　額田王

➡ 君想い淡い期待を抱いても戸を揺らすのは秋の風だけ　　（生徒作品）

憶良らは今は罷らむ子泣くらむそれその母も我を待つらむそ　　山上憶良

➡ 妻が待つ子供もたぶん泣いているじゃあわたくしも帰るとするかな

（生徒作品）

父母が頭かき撫ぜ幸くあれて言ひし言葉ぜ忘れかねつる　　防人歌

➡ 頭なで無事を願う父母の別れの言葉忘れられない　　（生徒作品）

元の歌

口語の歌

元の歌

口語の歌

（感想、工夫した点）

短歌×本歌取り

名作短歌を本歌取り

名作短歌を味わい、そこから「本歌取り」の要領で作り替えていきます。名作の模倣を通して、短歌の優れた表現の工夫に触れる学習にしていきます。【生徒作品例123頁参照】

準備するもの 教師:ワークシート　生徒:教科書、国語便覧

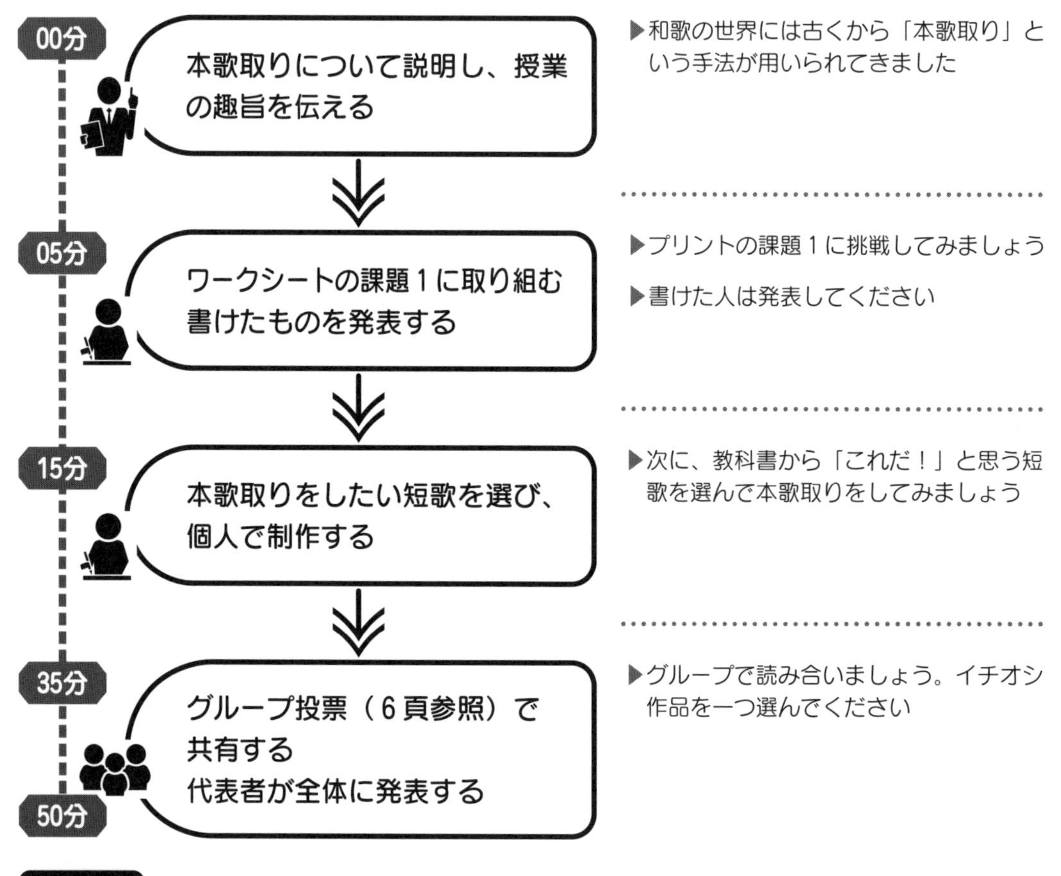

ポイント

・コンクールなどに投稿する場合は盗作、改変となり、著作権の侵害となる可能性があります。あくまでこの活動は短歌の表現を学ぶ「本歌取り」の学習だと生徒に伝えてください。
・最後の作品を共有する活動を、句会や俳句甲子園の活動と組み合わせて取り組むと、より面白くなります。
・自分の好きな百人一首を本歌取りすることも考えられますが、言葉の意味が難しいので難易度が上がります。

●アレンジ　俳句×本歌取り　詩×本歌取り

名作短歌を本歌取り

クラス（　　　）番号（　　　）氏名（　　　　　　　　　　）

本歌取りとは？

名歌の一部を取り入れて新しい歌を作り出す和歌の技法の一つ。

本歌取りの例

元の歌（柿本人麻呂）

あしひきの**山鳥の尾のしだり尾の**ながながし夜を**ひとりかも寝む**

本歌取り（藤原定家）

ひとり寝る山鳥の尾のしだり尾に霜おきまよふ床の月影

課題一　本歌取りに挑戦！（初級）

「寒いね」と話しかければ「寒いね」と答える人のいるあたたかさ（俵万智）

※ヒント

○単語の一部を入れ替えてみる（「寒いね」をほかの言葉にしてみたら？）

○上の句をそのまま使う。

○歌の意味を逆転させる。　○歌の意味をさらに深める

課題二　教科書・便覧の短歌から一つ選び、本歌取りしてみよう。

元の短歌

本歌取り１

本歌取り２

詩×視覚

視覚詩を書こう

読者の視覚に訴える詩を書く、という実践です。言葉の表記や配列に気を配ることで、自分が作った詩のイメージやメッセージを、視覚的に表現していきます。漢字・ひらがな・カタカナの使い分けによって伝わり方が変わる日本語の特性を意識させることにつながります。

準備するもの 教師:参考作品のプリント、原稿用紙(マス目のある紙) 生徒:なし

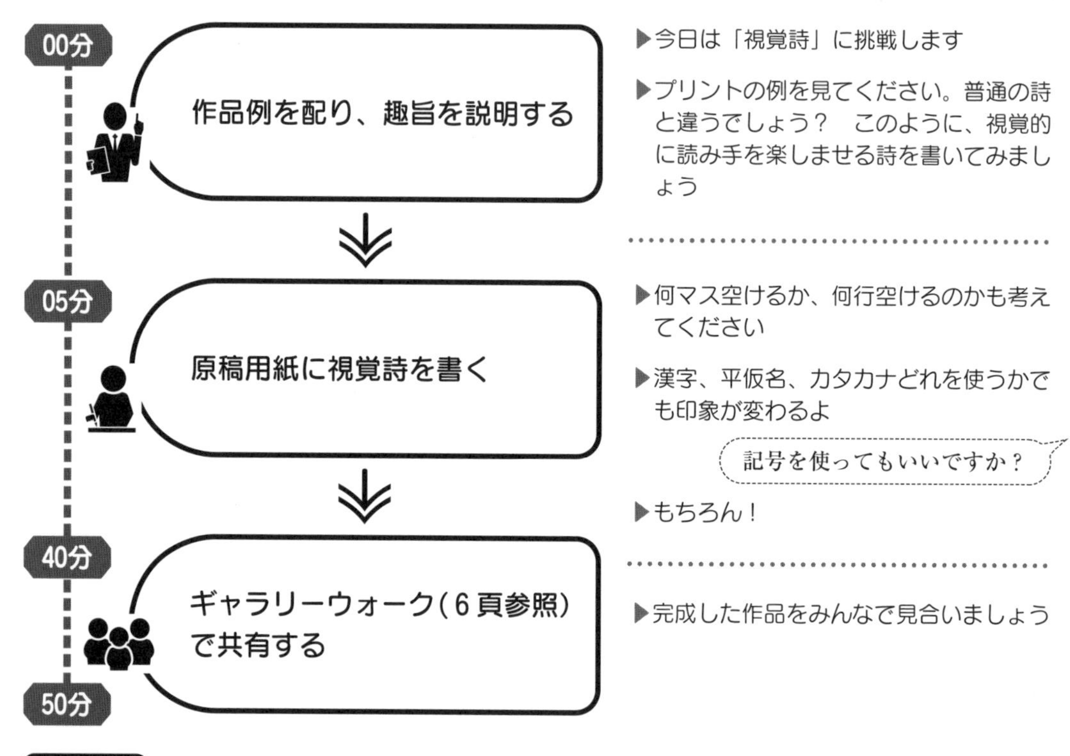

▶今日は「視覚詩」に挑戦します

▶プリントの例を見てください。普通の詩と違うでしょう? このように、視覚的に読み手を楽しませる詩を書いてみましょう

▶何マス空けるか、何行空けるのかも考えてください

▶漢字、平仮名、カタカナどれを使うかでも印象が変わるよ

記号を使ってもいいですか?

▶もちろん!

▶完成した作品をみんなで見合いましょう

ポイント

・1文字を1マスに収めるように注意させます。言葉の表記や配列だけで視覚的な面白さを狙うようにさせるためです(文字サイズを変えたり、歪ませたり、字体を変えたりする作品は、この実践では作りません)。
・パソコンで入力し、作品集づくり(6頁参照)で共有すると、生徒も楽しめて学習効果が高まります。活字にすることで、視覚詩の面白さがより伝わるでしょう(全員分を活字にするのは一苦労なので、優秀作品のみとしたほうがラクです。パソコンが使える環境であれば、データで提出させるという手もあります)。

●**参考文献・先行実践**

島田陽子『続続大阪ことばあそびうた おおきにおおさか』(編集工房ノア、1999年)
内田麟太郎『内田麟太郎詩集 きんじょのきんぎょ』(理論社、2006年)

●**アレンジ** 漢字×視覚 短歌×視覚

視覚詩　参考作品

冬の校庭

88888888888
88888888888
88888888888
88888888888
88888888888
88888888888
88888888888
88888888888
88888888888
88888888888
88888888888
88888888888
88888888888

――せいれつ
ゆきだるまの朝礼だ

（内田麟太郎『きんじょのきんぎょ』）

接近アナウンス

電車がまいりますご注意下さい
車がまいりますご注意下さい
がまいりますご注意下さい
まいりますご注意下さい
いりますご注意下さい
りますご注意下さい
ますご注意下さい
すご注意下さい
ご注意下さい
注意下さい
意下さい
下さい
さい
い

（生徒作品）

おおきな木

おーい
おおきな木
おおきなって
おおきなえだ　ひろげて
おおきなかげ　つくってくれて
おおきなとりや　ちいさなとりや　ようけのむしも
おおきなひとや　ちいさなひとや　いぬねこたちも
おおきに　おおきに　いうて
おおきに　おきにいりの
おおきな木　天まで
おおきなれ
おーい

（島田陽子『おおきにおおきさか』）

波

ザ
ブ
ー
ン
ザブー
ン
き
も
ち
いいな
ザ
ブ
ー
ン
ザブー
ン

（生徒作品）

12 和歌×英訳 英語に訳そう「万葉集」

国語の時間ですが、あえて学習した作品を英訳してみるという実践です。英語に直そうとすると、歌の情景をより詳細にイメージし、決定しなければなりません（主語は何かなど）。日本語で読んでいれば見落としがちな観点に注目させ、歌の理解を深めることをねらいとしています。また、英訳することで新たな解釈が生まれてくるのも楽しい活動です。

準備するもの 教師：ワークシート　生徒：教科書、国語便覧、和英辞書

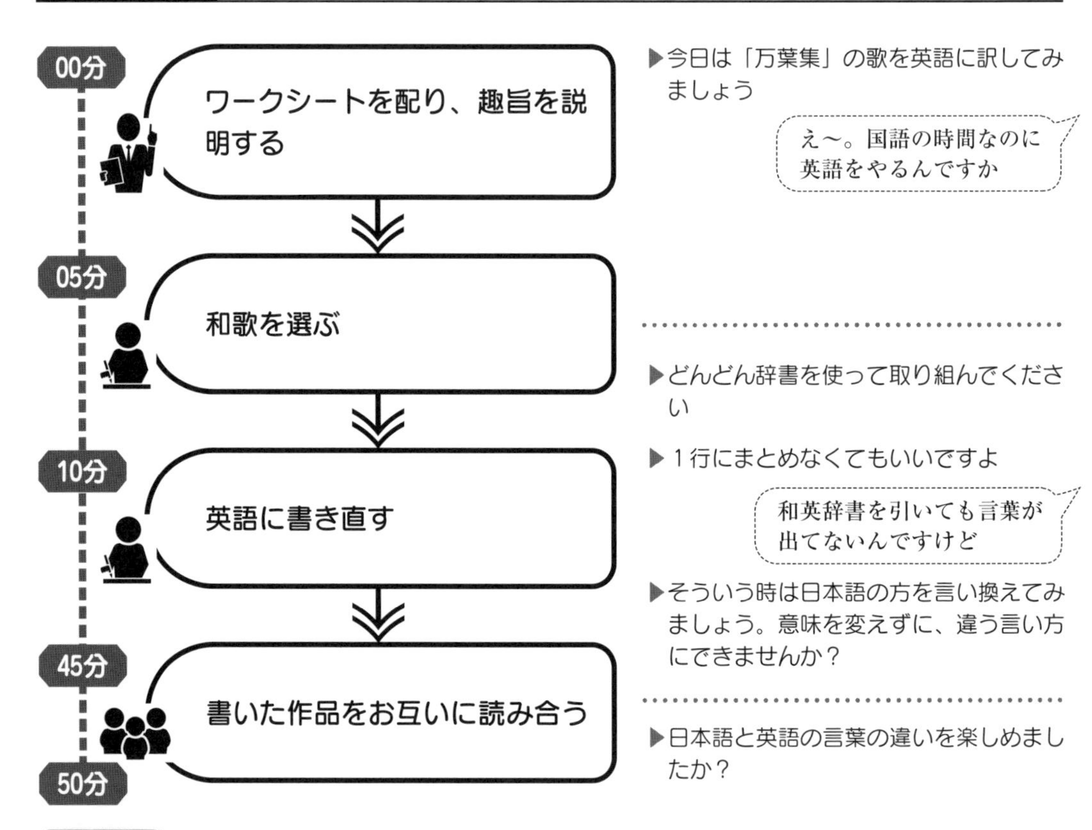

ポイント

- なかなか手が動かない生徒については、まず英語に訳しやすい口語訳を書いてみるよう促してください。
- 作品集づくり（６頁参照）でのフィードバックも効果的です。
- 英語に直すためには、歌の中で省略されている内容（主語や単数複数など）をはっきりとさせる必要があります。その点を意識させてください。
- 先生自身英語が苦手であっても問題ありません。作品を英語の授業で発表し、ネイティブスピーカーの先生にコメントしてもらうなど、コラボ企画につなげることもできます。

●**参考文献・先行実践**

リービ英雄『英語でよむ万葉集』（岩波新書、2004年）

●**アレンジ**　（俳句）×（英訳）　（ことわざ）×（英訳）

英語に訳そう「万葉集」

クラス（　　　）番号（　　　）氏名（　　　　　　　　　　　　）

春過ぎて夏来るらし白たへの衣干したり天の香具山　　**持統天皇**

（生徒の英訳例）⇒ Spring passed.
Maybe summer will come.
I'm drying white cloths. And I see Amano kaguyama.

選んだ歌   作者（　　　　　　　　　　）

英訳

（難しかったところ、工夫したところ）

13 助詞×列挙 助詞の世界

「風」や「海」など一つのテーマを決め、助詞の用例を書き出していく活動です。ワークシートには42語の助詞を挙げてあります。助詞のはたらきを学ぶとともに、テーマと助詞をつなぐことで、多彩な表現ができることに気付かせます。

準備するもの 教師：作品例のプリント（34頁）、ワークシート　生徒：なし

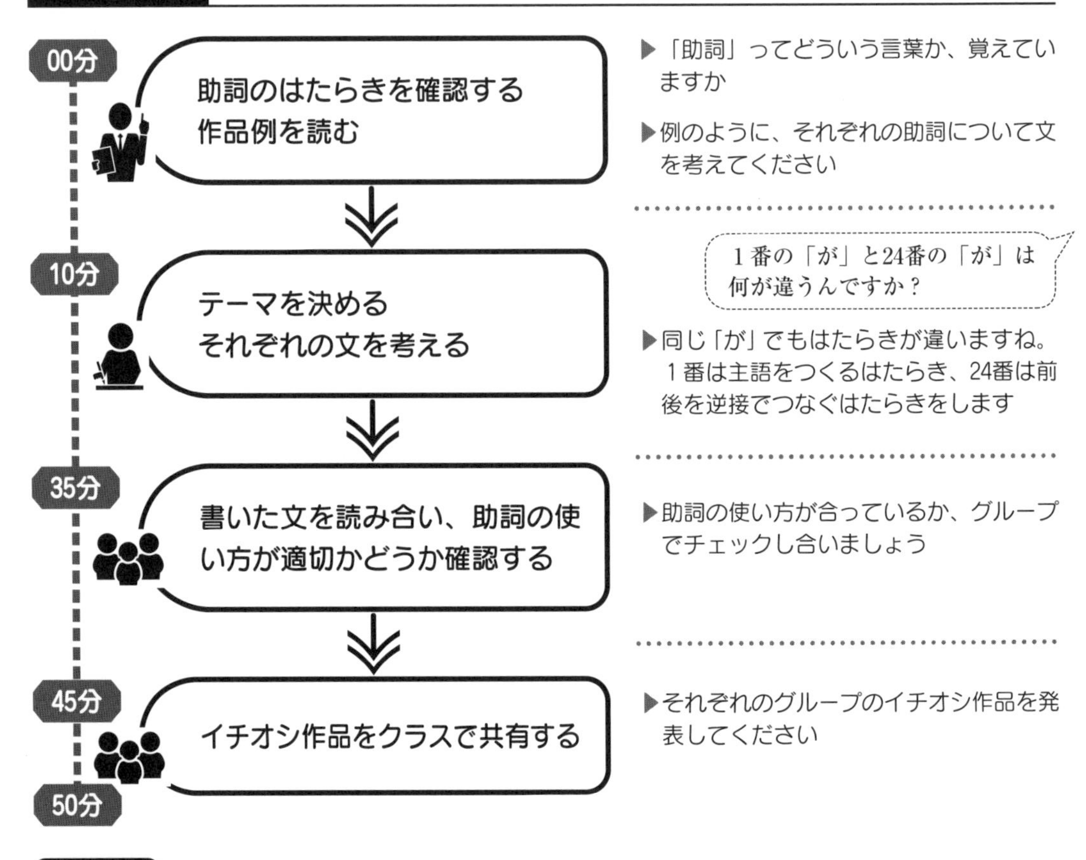

ポイント

・テーマとなる言葉には名詞が入ります。山、パンダ、夏休み、といった一般名詞の他に、芸能人の名前など、固有名詞を使っても作ることができます。
・必ず全て埋めるように促してください。
・作文が苦手な生徒については、教師が助詞の使い方をチェックしていく支援が有効です。
・代表者による完成した作品の音読や、作品集づくり（6頁参照）でのフィードバックも効果的です。

●**参考文献・先行実践**
広野昭甫『語彙を豊かにする　続・ことば遊びの指導』（教育出版、1989年）に掲載されている実践を参考にしました。
五味太郎『ことばがいっぱい　言葉図鑑5　つなぎのことば』（偕成社、1986年）
●**アレンジ**　四字熟語×列挙　ことわざ×列挙

助詞の世界

テーマ【　　　　】

クラス（　　）番号（　　）氏名（　　　　）

1 が
2 の
3 を
4 に
5 へ
6 と
7 より
8 から
9 で
10 や
11 は
12 だけ
13 まで
14 ぐらい
15 ほど
16 など
17 さえ
18 でも
19 しか
20 も
21 ばかり
22 こそ
23 やら
24 が
25 ば
26 ので
27 のに
28 から
29 けれど
30 と
31 ても
32 て
33 ながら
34 たり
35 し
36 か
37 よ
38 な
39 ぞ
40 とも
41 ね
42 さ

助詞の世界　作品例

テーマ【　風　】

1　が　風が吹く。
2　の　風の圧力で、へいが倒れる。
3　を　風を受ける。
4　に　風に乗って飛ぶ。
5　へ　風へ向かって走る。
6　と　風と走る。
7　より　風よりすごい音。
8　から　風から守る。
9　で　風で飛ぶ。
10　や　風や雨を防ぐ。
11　は　風は見えない。
12　だけ　風だけ室内に入れる。
13　まで　風まで止んで晴れてきた。
14　ぐらい　風ぐらい困るものはない。
15　ほど　風ほど自由には動けない。
16　など　風など平気だ。
17　さえ　風さえあれば動く。
18　でも　風でも乾く。
19　しか　風しか知らない帽子のゆくえ。
20　も　風も知らないハンカチのゆくえ。
21　ばかり　風ばかり吹き続ける。
22　こそ　風こそ帆かけ舟の燃料だ。
23　やら　風やら雨やら雷やら大変だった。
24　が　風は吹くが涼しくない。
25　ば　風が吹けば寒くなる。
26　ので　風が吹くのでよく回る。
27　のに　風が吹くのに回らない。
28　から　風が吹くからよく乾く。
29　けれど　風は吹くけれど雨にはならない。
30　と　風が吹くと木が揺れる。
31　ても　風が吹いても大丈夫だ。
32　て　風が吹いてけがをした。
33　ながら　風は吹きながら歌ってる。
34　たり　風が吹いたり止まったりする。
35　し　風は吹くし、ほこりは立つし……。
36　か　風か地震か?
37　よ　風吹くよ。
38　な　風吹くな!
39　ぞ　風だぞ!
40　とも　風だとも!
41　ね　風ね、あの音は。
42　さ　風さ、きっと。

2章 あそぶ

14 ことわざ × おみくじ
ことわざおみくじ

　ことわざを引用したおみくじの文章を作ります。おみくじにすることで、楽しみながらことわざの使い方を身に付ける学習となります。

準備するもの　教師：ワークシート　生徒：国語便覧（またはことわざのリスト）

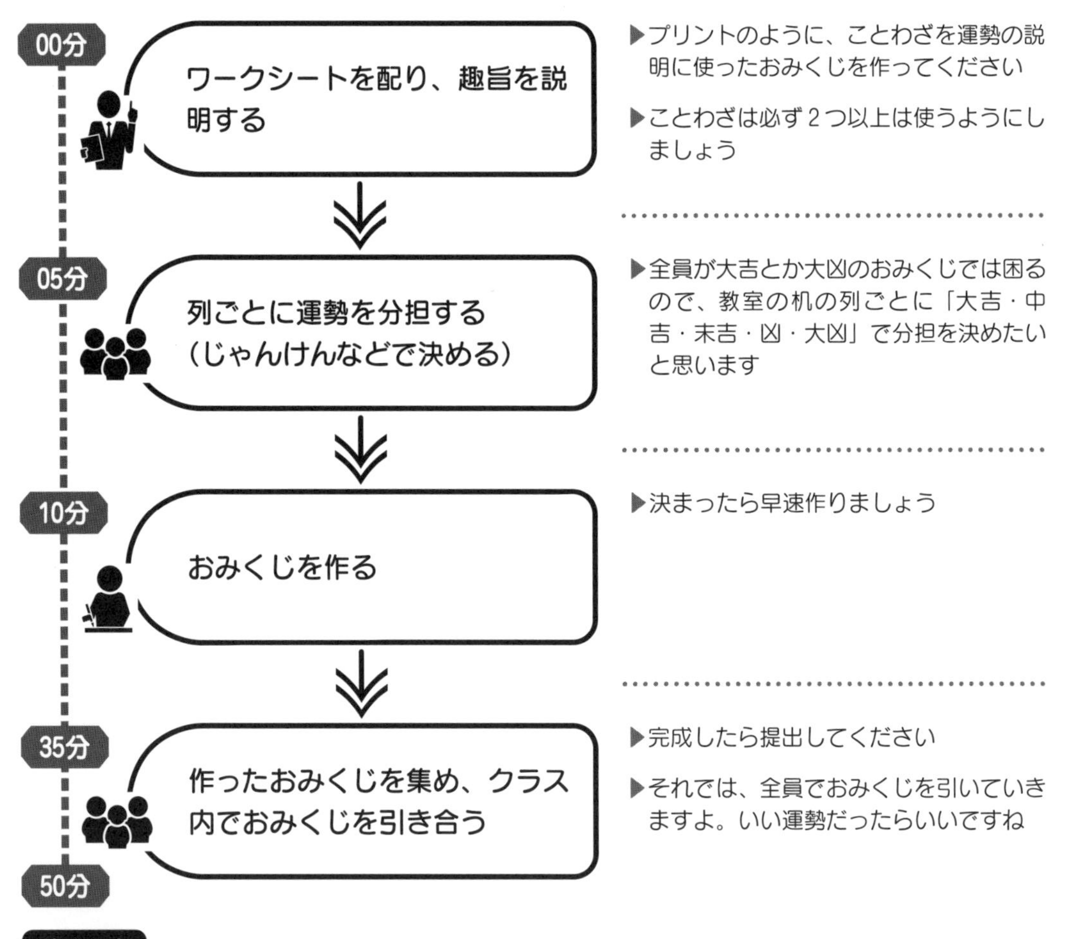

▶プリントのように、ことわざを運勢の説明に使ったおみくじを作ってください

▶ことわざは必ず２つ以上は使うようにしましょう

▶全員が大吉とか大凶のおみくじでは困るので、教室の机の列ごとに「大吉・中吉・末吉・凶・大凶」で分担を決めたいと思います

▶決まったら早速作りましょう

▶完成したら提出してください

▶それでは、全員でおみくじを引いていきますよ。いい運勢だったらいいですね

ポイント

・普段使わないような難しいことわざをあえて使うようにすると勉強になります。
・なるべく他の生徒とことわざが重複しないように、多くの生徒が取り上げていることわざを教師がチェックして黒板に書き出すなどするとよいでしょう。
・ことわざが苦手な生徒に対しては、いくつか使えそうなことわざを事前にピックアップし、プリントなどで提示する支援も有効です。

●アレンジ　故事成語×おみくじ　古文×おみくじ

ことわざおみくじ

クラス（　　　）番号（　　　）氏名（　　　　　　）

末吉

運勢　何事も**「過ぎたるは及ばざるがごとし」**です。遊びすぎ、勉強のしすぎなどで友達関係にひびが入る可能性あり。しかし**「待てば海路の日和あり」**です。気長に運気の向上を待てば、必ずや幸福が貴方のもとに訪れるでしょう。

勉強運　理数で悲劇が待っている。ケアレスミスを注意すれば吉。

恋愛運　年下との危険な恋があり。自分の気持ちに素直になるべし。

健康運　止まらない食欲に注意すべし。チーズバーガーは吉。

運勢

運

運

運

15 ことわざ×連想 風が吹けば…？

「風が吹けば桶屋が儲かる」のように「風が吹く。そうすると○○。そうすると○○。そうすると…」と短文をつないでいき、ゴールの短文にたどり着かせる活動です。前後の文の関係を考える論理力トレーニングにもなりますし、自由な発想を楽しむゲームとして実施することもできます。

準備するもの 教師:ワークシート(生徒1人あたり2枚)　生徒:なし

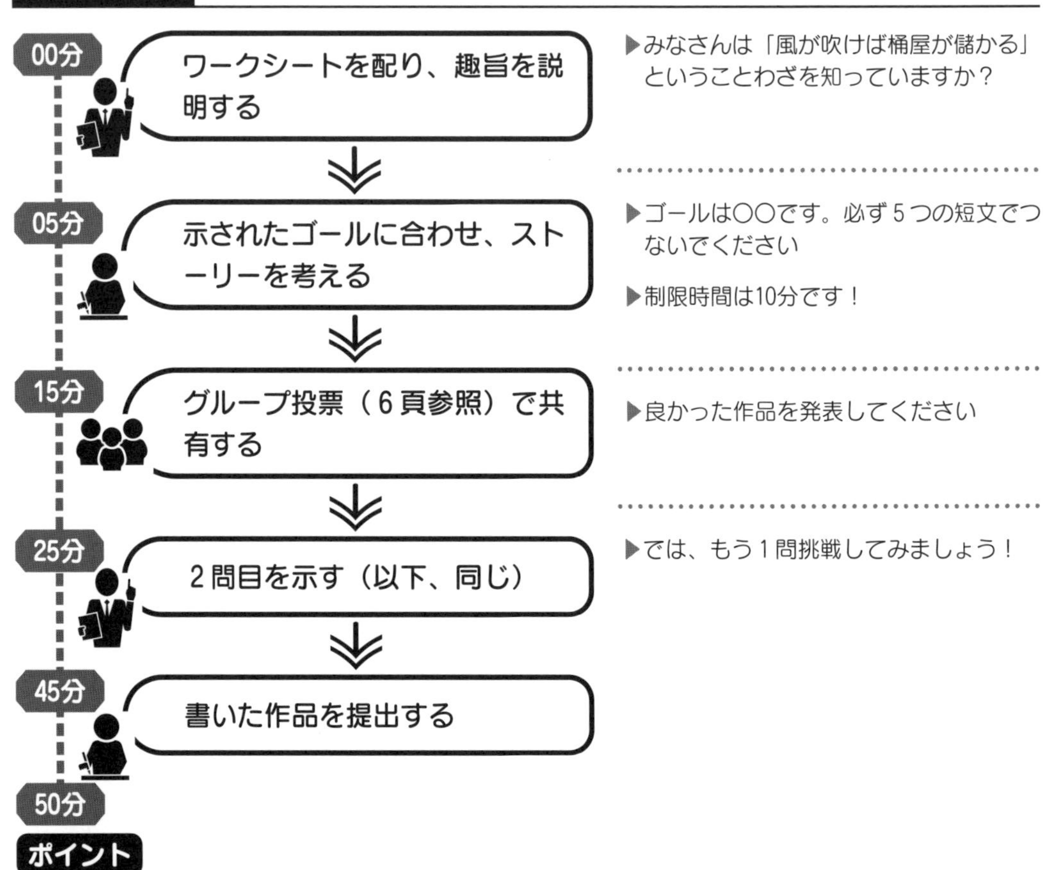

ポイント

・ゴールとなるお題は「桶屋が儲かる」以外にも「そば屋が儲かる」「動物園が増える」「歌手としてデビューする」など何でもできます（「風」と離れている内容の方が面白くできます）。
・共通のお題を生徒に考えさせてもよいでしょう。

●**参考文献・先行実践**
作家の万城目学は高校の授業でこのゲームをやり、文章を書く面白さを知ったとエッセイで書いています。(『ザ・万歩計』文春文庫、2010年)
お笑いコンビ・ラーメンズが「風と桶に関する幾つかの考案」という動画をYou Tubeで公開しています。生徒に見せると、創作意欲が高まると思います。
●**アレンジ** 部首×連想　文学史×連想

風が吹けば…？

クラス（　　　）番号（　　　）氏名（　　　　　　　　　）

「風が吹けば桶屋が儲かる」

風が吹く。すると砂ぼこりが出て、失明する人が増える。すると失明した人が弾く三味線の需要が増える。すると三味線に張るネコの皮が必要になり、ネコが減る。するとネズミが増えて桶をかじる。桶屋が儲かる。

風が吹く。

（ゴール）

四字熟語 × 宝探しパズル

16 四字熟語宝探しパズル

楽しみながら四字熟語の知識を増やすためのパズルです。
後半にはパズルを自作することで、より積極的な参加を促します。

準備するもの 教師:ワークシート　生徒:なし

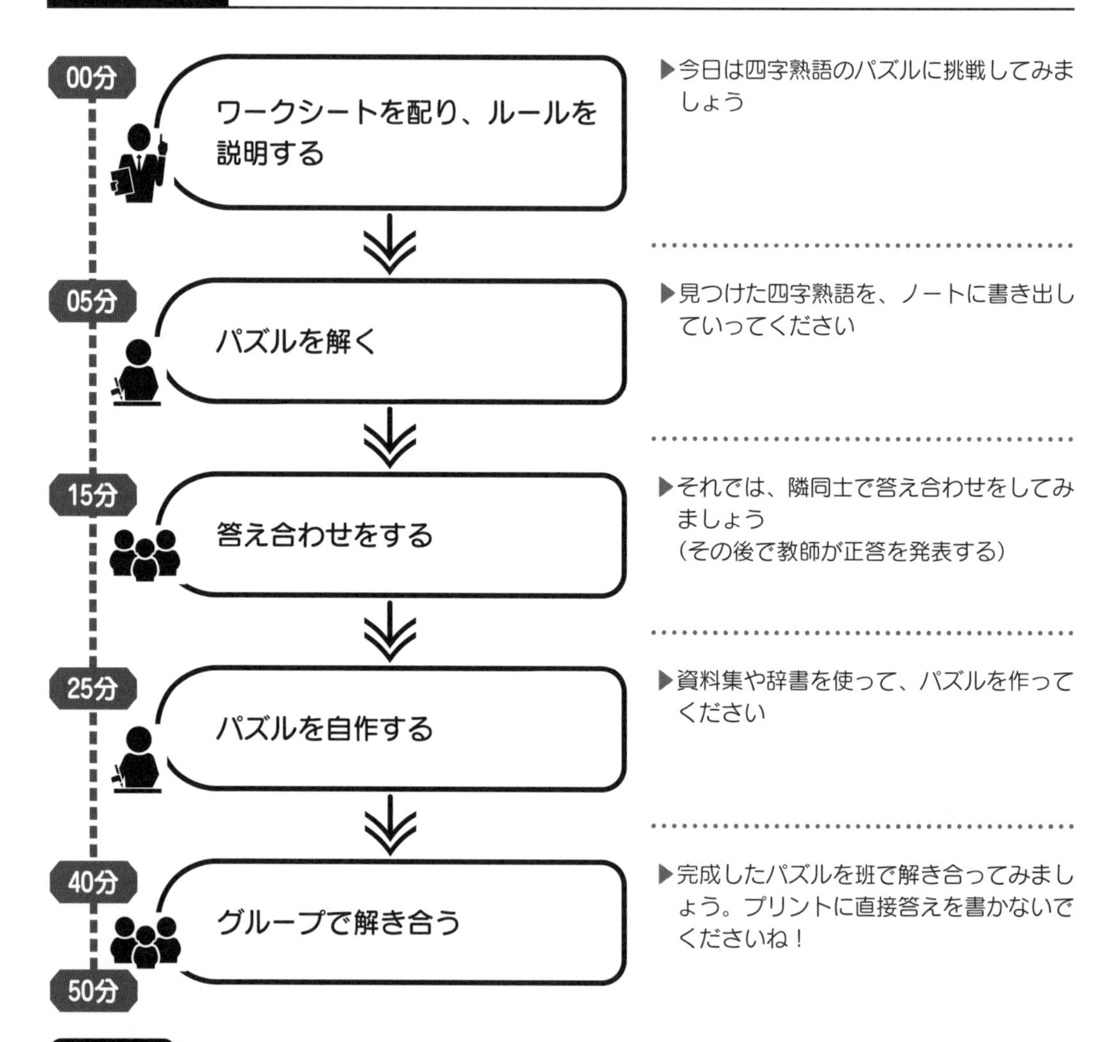

ポイント

・答え合わせの時に、意味も合わせて確認していくと、より言葉の学習になります。
・生徒の学習レベルや語彙力に合わせて、自作パズルの難易度を変えさせてください。
・４×４マスの答えは「五里霧中・異口同音・東奔西走」、５×５マスの答えは「日進月歩・喜怒哀楽・危機一髪・質実剛健・針小棒大」です。

●アレンジ　故事成語×宝探しパズル　文学史×宝探しパズル

四字熟語宝探しパズル

クラス（　　　）　番号（　　　）　氏名（　　　　　　　　　　　）

この中にある漢字を組み合わせて、四字熟語を作ってください。
いくつの四字熟語が見つかるでしょうか？　※使わないダミー漢字も入っています！

走	句	夢	音
五	一	口	中
異	東	里	西
南	霧	奔	同

楽	中	剛	機	寝
発	進	針	苦	髪
質	危	月	哀	大
小	喜	実	一	健
歩	空	棒	日	怒

文学史 × ワードサーチパズル

宮沢賢治＆芥川龍之介パズル

宮沢賢治と芥川龍之介に関するパズルです。授業で作品を扱うときや、文学史を学習するときに使ってください。楽しみながら知識を増やすことができます。

準備するもの 教師：パズルの用紙　生徒：教科書、国語便覧、辞書

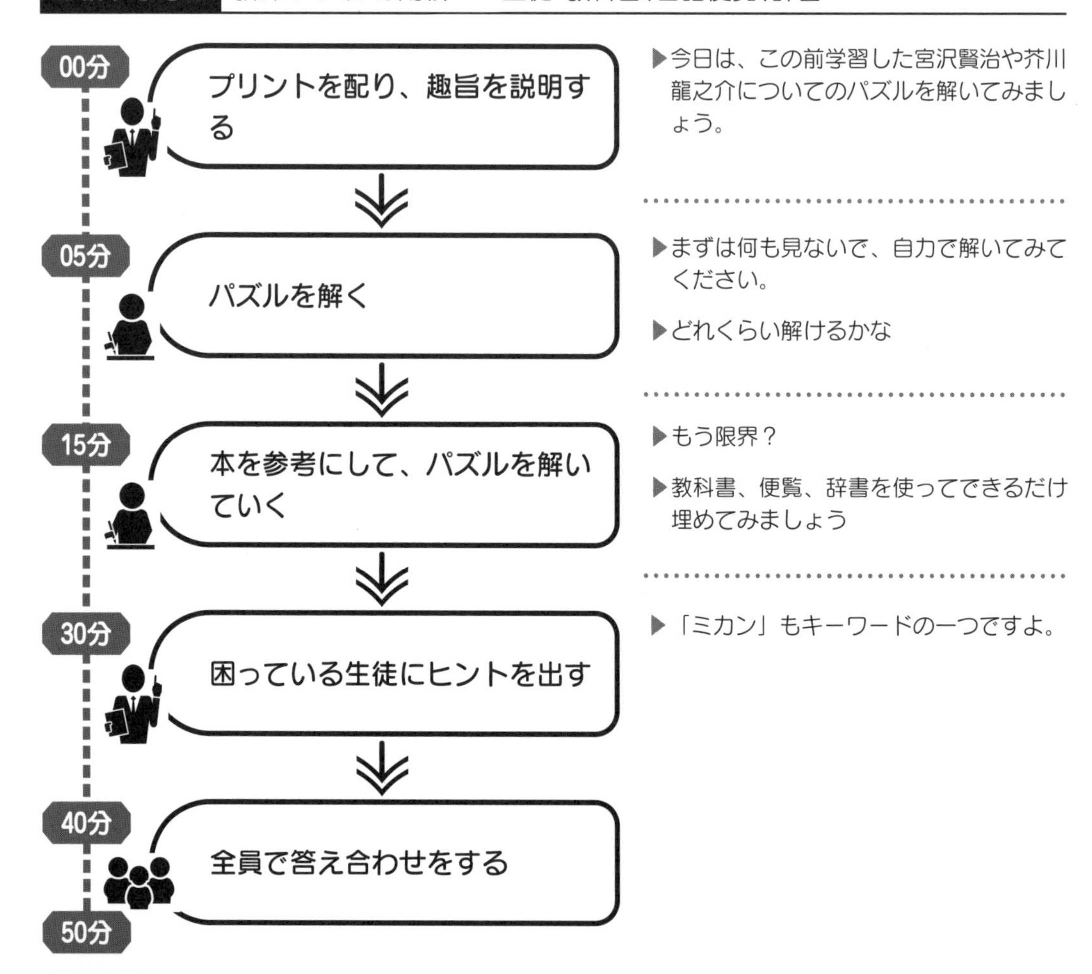

▶今日は、この前学習した宮沢賢治や芥川龍之介についてのパズルを解いてみましょう。

▶まずは何も見ないで、自力で解いてみてください。

▶どれくらい解けるかな

▶もう限界？

▶教科書、便覧、辞書を使ってできるだけ埋めてみましょう

▶「ミカン」もキーワードの一つですよ。

ポイント

・いきなり電子辞書やインターネットを使うと、すぐに解き終わってしまいます。
・ダウンロード版（127頁参照）では、最後の答えを好きな４字の言葉に変えることも可能です。
・中学生にとっては難度の高いキーワードも含まれています。生徒の学習レベルに合わせて、適宜ヒントや答えを示してください。
・答え合わせの時にキーワードを漢字で正しく書かせていくと、文学史の学習として効果が高まります。
・答えあわせをしたくない、もっと時間が欲しいという生徒が多い場合は、答え合わせを後日（または事後配布）にして、その時間を終わりにしてもよいでしょう。

●アレンジ　ことわざ×ワードサーチパズル　短歌×ワードサーチパズル

宮沢賢治＆芥川龍之介パズル［解答］

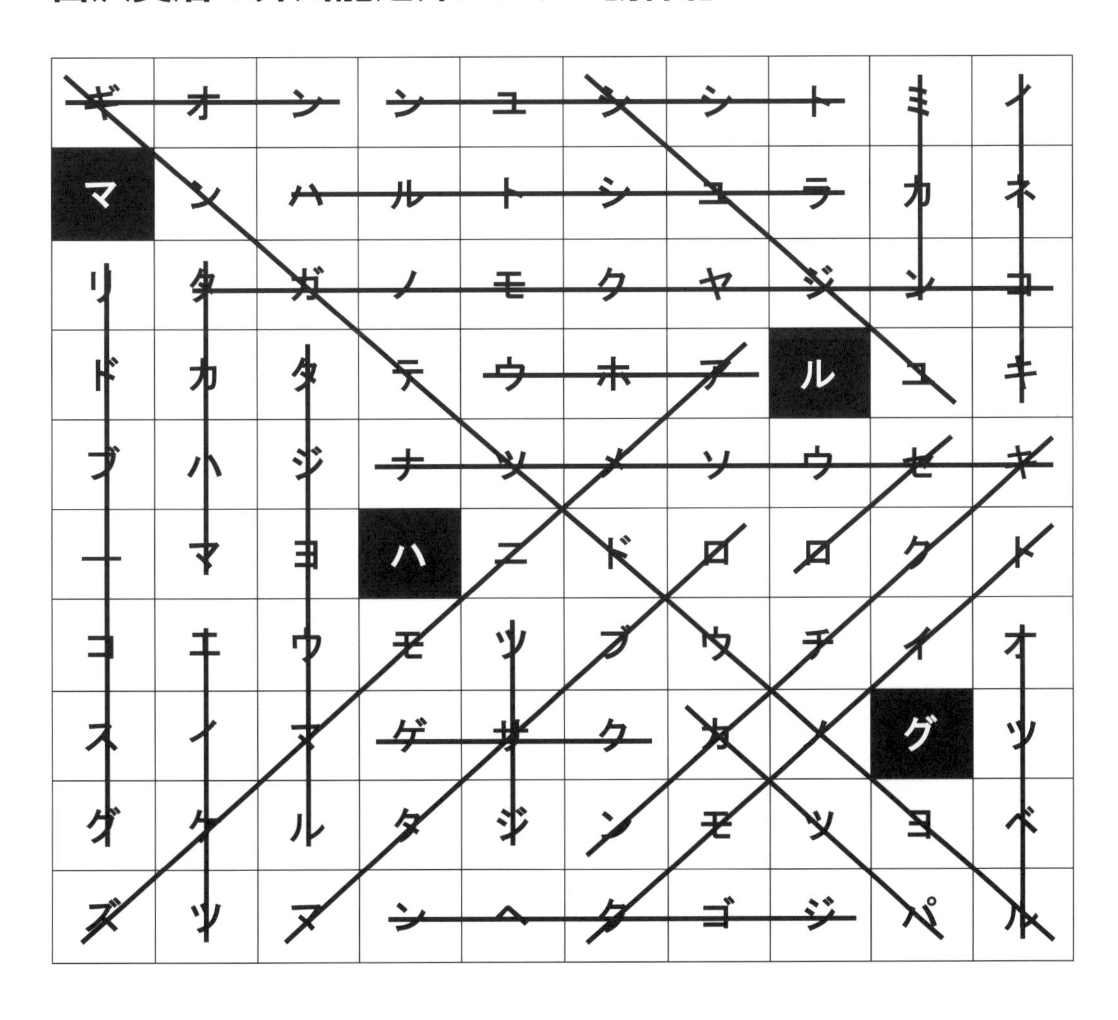

【キーワードの答え】

1、銀河鉄道の夜
2、雨ニモマケズ
3、春と修羅
4、グスコーブドリ
5、又三郎
6、セロ
7、擬音
8、オツベル
9、稲こき
10、永訣
11、蜘蛛の糸
12、地獄変
13、阿呆
14、河童
15、今昔物語
16、菊池寛
17、高浜
18、戯作
19、多襄丸
20、杜子春
21、侏儒
22、夏目漱石
23、蜜柑
24、自殺

【答え】

歯車

宮沢賢治＆芥川龍之介パズル

◆右のヒントをもとに、キーワードを消していきます。
◆残った文字を並び替えてできる言葉は何でしょう。
◆キーワードは縦横ナナメ、直線に並んでいます。
◆ヒント内の○は、カタカナ一字を表します。
◆小文字「ョ」なども大文字で書いてあります。

ギ	オ	ン	ン	ユ	シ	シ	ト	ミ	イ
マ	ン	ハ	ル	ト	シ	ユ	ラ	カ	ネ
リ	タ	ガ	ノ	モ	ク	ヤ	ジ	ン	コ
ド	カ	タ	テ	ウ	ホ	ア	ル	ユ	キ
ブ	ハ	ジ	ナ	ツ	メ	ソ	ウ	セ	キ
―	マ	ヨ	ハ	ニ	ド	ロ	ロ	ク	ト
コ	エ	ウ	モ	ツ	ブ	ウ	チ	イ	オ
ス	イ	マ	ゲ	サ	ク	カ	ノ	グ	ツ
グ	ケ	ル	タ	ジ	ン	モ	ツ	ヨ	ベ
ズ	ツ	マ	ン	ヘ	ク	ゴ	ジ	パ	ル

答え（　　　　　　　）

ヒント

【宮沢賢治】

1、主人公はジョバンニ。

2、手帳から発見された詩。

3、生前に唯一刊行した詩集。

4、童話『〇〇〇〇〇〇〇の伝記』

5、『風の〇〇〇〇〇〇』

6、ゴーシュが弾くのは。

7、賢治は〇〇〇語・擬態語などオノマトペの名手である。

8、『〇〇〇〇と象』

9、(8)に出てくる、新式の〇〇〇〇機械。

10、妹トシとの死別を詠んだ「〇〇〇〇の朝」

【芥川龍之介】

11、犍陀多（かんだた）が主人公。

12、絵仏師良秀の話。

13、『或〇〇〇の一生』

14、人間社会を戯画化した晩年の作品。頭に皿をのせている。

15、『鼻』の原話が載っている平安時代の説話集。

16、芥川賞を創設した人物。

17、〇〇〇〇虚子に俳句を学ぶ。

18、『〇〇〇三昧』

19、『藪の中』作中人物。黒沢明の映画「羅生門」の主人公。

20、唐を舞台とした仙人との不思議なやりとり。

21、『〇〇〇〇の言葉』

22、『鼻』を読んで才能を認めた師。

23、一九一九年の作品。汽車内での一コマ。

24、最期は「ぼんやりした不安」を理由に睡眠薬を飲んで—。

18

(文学史)×(ブロック分割パズル)

ブロック分割「平家物語」

漢字ばかりのパズルです。平家物語を学習した後に取り組むと楽しめると思います。ヒントを頼りに、平家物語に関するキーワードを囲ってブロックを作っていってください。

準備するもの 教師:パズルの用紙　生徒:教科書、国語便覧、国語辞書

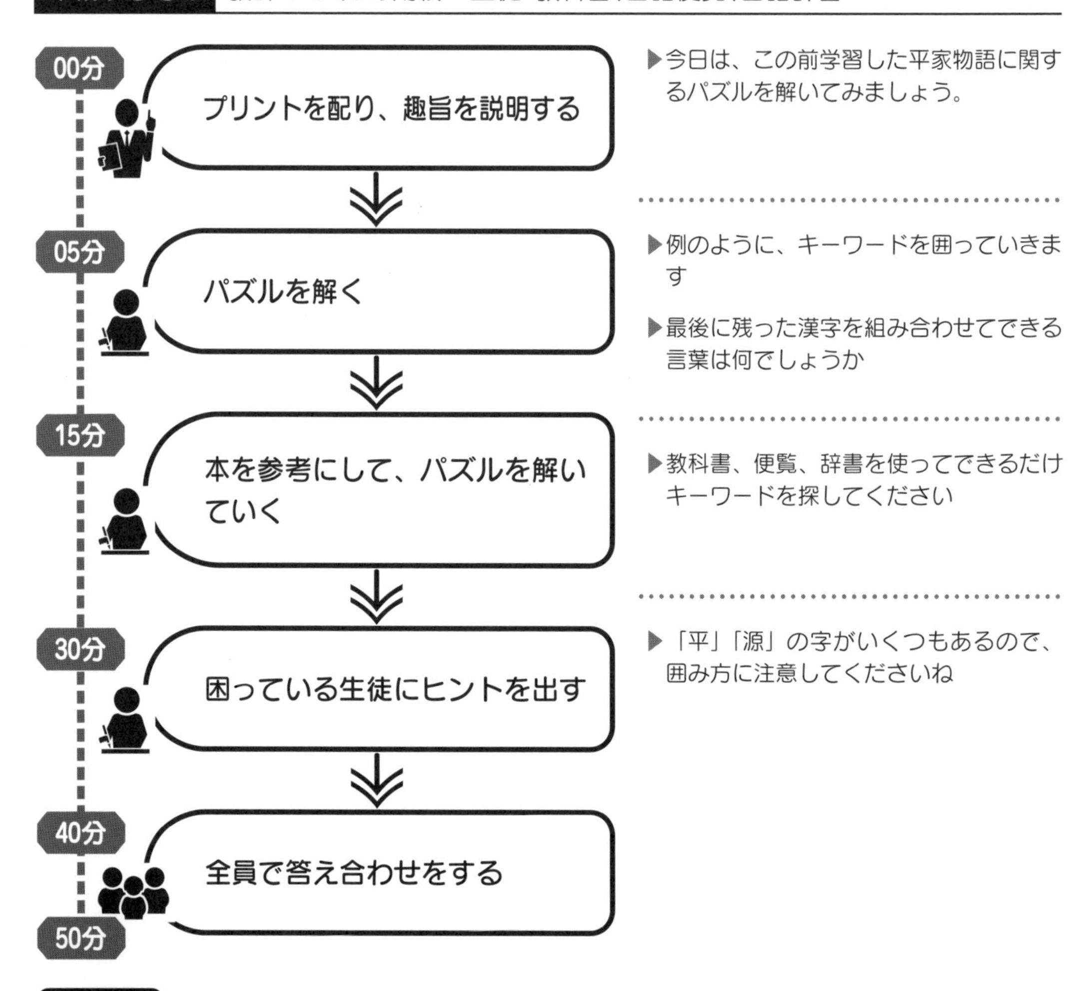

ポイント

- 答え合わせの際、ブロックで囲ったキーワードを改めてノートに書かせていくと、学習効果が高まります。
- ダウンロード版(127頁参照)では、最後の答えを好きな四字熟語に変えることも可能です。
- 中学生にとっては難度の高いキーワードも含まれています。生徒の学習レベルに合わせて、適宜ヒントや答えを示してください。

●アレンジ　(四字熟語)×(ブロック分割パズル)　(故事成語)×(ブロック分割パズル)

ブロック分割「平家物語」［解答］

対	大	菩	薩	軍	記	安	徳	天	後
句	幡	者	義	源	物	語	皇	法	白
表	八	盛	経	朝	々	佐	泉	皇	河
現	平	清	諸	頼	木	盛	平	州	奥
那	須	子	行	源	高	信	濃	必	一
与	一	徳	無	平	綱	前	司	行	ノ
礼	門	院	常	曲	倶	師	長	浦	谷
建	七	源	為	朝	利	法	好	ノ	壇
調	五	衰	源	峠	伽	熊	兼	法	琵
倉	鎌	混	義	仲	羅	谷	郎	師	琶
時	和	交	祇	園	平	次	直	実	社
代	漢	文	精	舎	敦	盛	厳	島	神

【キーワードの答え】

1. 祇園精舎
2. 諸行無常
3. 鎌倉時代
4. 厳島神社
5. 対句表現
6. 那須与一
7. 熊谷次郎直実
8. 平敦盛
9. 後白河法皇
10. 軍記物語
11. 倶利伽羅峠
12. 源義仲
13. 一ノ谷
14. 和漢混交文
15. 信濃前司行長
16. 兼好法師
17. 七五調
18. 安徳天皇
19. 八幡大菩薩
20. 平清盛
21. 源頼朝
22. 源義経
23. 奥州平泉
24. 琵琶法師
25. 平曲
26. 佐々木高綱
27. 源為朝
28. 建礼門院徳子
29. 壇ノ浦

【答え】

盛者必衰

ブロック分割「平家物語」

平家物語に関するキーワードをブロックに区切っていくパズルです。
最後に、どこのブロックにも入らなかった漢字を組み合わせてできる言葉は？
ヒントの〇は漢字一字分です。

（例）

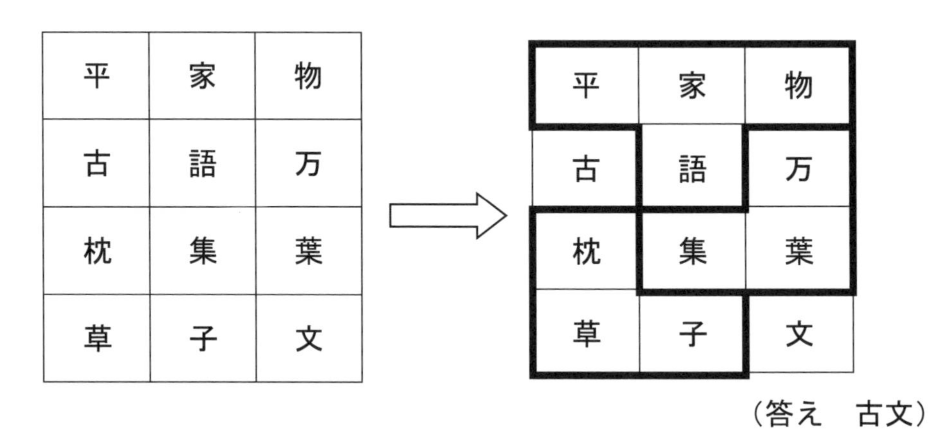

（答え　古文）

1、〇〇〇〇の鐘の声。
2、〇〇〇〇の響きあり。
3、『平家物語』の成立は十三世紀半ば。十三世紀といえば何時代？
4、広島県宮島にある神社。
5、冒頭文で用いられている表現方法は。
6、扇の的の主人公。
7、「物その者では候はねども、武蔵国住人〇〇〇〇〇〇」
8、(7) に討たれた、美しい武将。
9、鳥羽天皇の皇子。「梁塵秘抄」の撰者。
10、『平家物語』のジャンル。
11、1183 年〇〇〇〇〇の戦い。
12、木曽左馬頭、朝日将軍と呼ばれる人物。
13、「ひよどり越えの坂落し」は〇〇〇の戦いでの出来事。
14、和語と漢語の交じり合った文体を、〇〇〇〇〇という。
15、作者とされる人物。
16、(15)の根拠は〇〇〇〇の書いた『徒然草』である。
17、文章のリズムは〇〇〇を中心としている。
18、三種の神器とともに入水した天皇。この時六歳
19、与一目をふさいで、「南無〇〇〇〇〇…」。
20、2012 年の大河ドラマ。松山ケンイチが主役を演じた。

21、鎌倉幕府初代将軍。

22、幼名牛若丸。

23、(22)はここに逃げた。

24、『平家物語』は彼らによって語り継がれた。

25、音曲、伴奏のついた『平家物語』。

26、宇治川の戦いで梶原景季と「先陣争い」をした人物。

27、強力な弓の使い手。鎮西八郎と称した。

28、(20)の娘、(18)の母。平家滅亡後も生き残る。

29、源平最後の合戦の地。

答え（　　　　　　　）

対	大	菩	薩	軍	記	安	徳	天	後
句	幡	者	義	源	物	語	皇	法	白
表	八	盛	経	朝	々	佐	泉	皇	河
現	平	清	諸	頼	木	盛	平	州	奥
那	須	子	行	源	高	信	濃	必	一
与	一	徳	無	平	綱	前	司	行	ノ
礼	門	院	常	曲	倶	師	長	浦	谷
建	七	源	為	朝	利	法	好	ノ	壇
調	五	衰	源	峠	伽	熊	兼	法	琵
倉	鎌	混	義	仲	羅	谷	郎	師	琶
時	和	交	祇	園	平	次	直	実	社
代	漢	文	精	舎	敦	盛	厳	島	神

19 いろは歌×かるた クラスいろはがるた

クラスの出来事をモチーフにした、「いろはがるた」を作成する活動です。与えられた頭文字をたよりに、制限のある中で効果的な表現を考える力を養います。クラスの思い出を共有することもできますので、節目の時期に行うと盛り上がるでしょう。

準備するもの 教師:ワークシート　生徒:色鉛筆

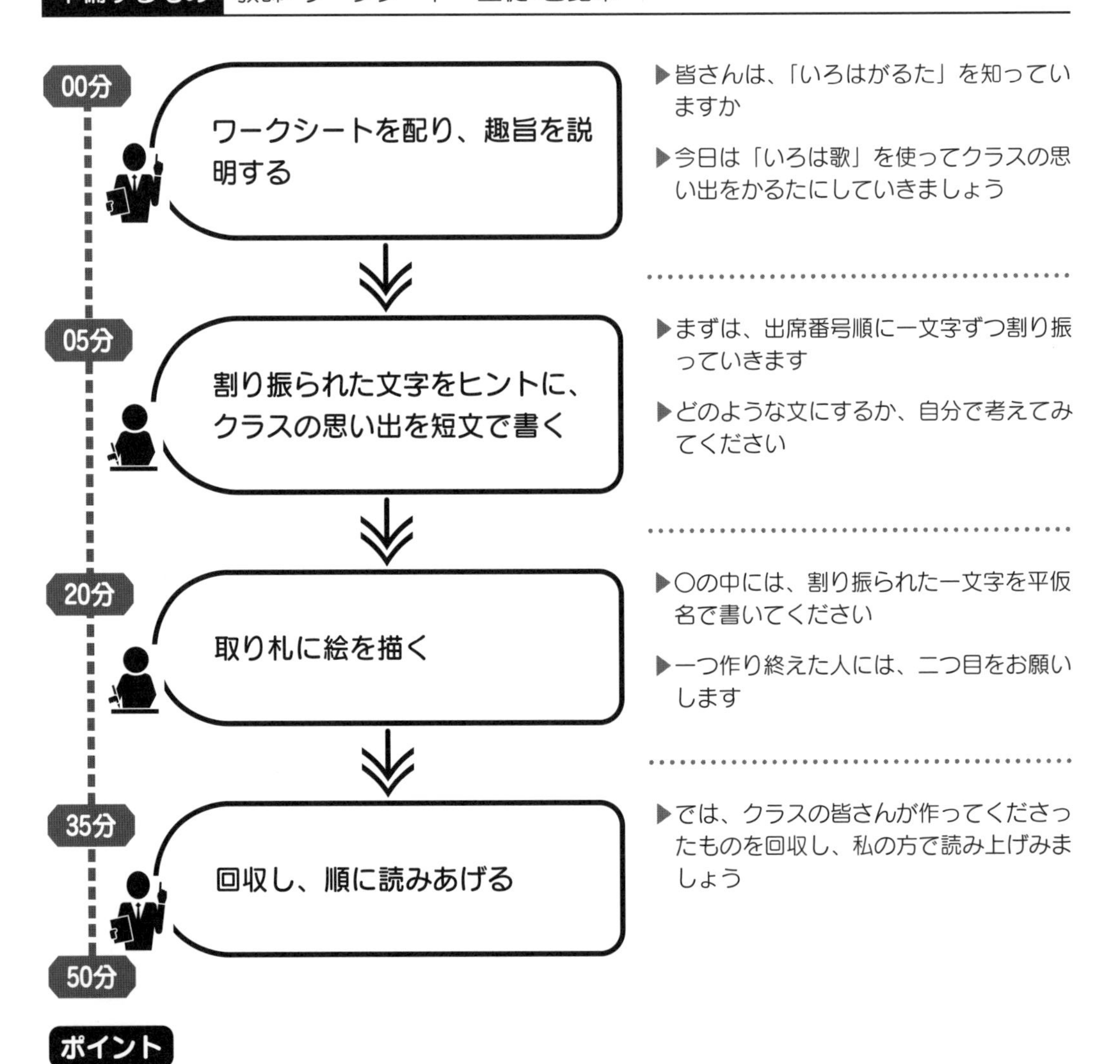

▶皆さんは、「いろはがるた」を知っていますか

▶今日は「いろは歌」を使ってクラスの思い出をかるたにしていきましょう

▶まずは、出席番号順に一文字ずつ割り振っていきます

▶どのような文にするか、自分で考えてみてください

▶○の中には、割り振られた一文字を平仮名で書いてください

▶一つ作り終えた人には、二つ目をお願いします

▶では、クラスの皆さんが作ってくださったものを回収し、私の方で読み上げみましょう

ポイント

・読み上げげた後は、ギャラリーウォーク（6頁参照）で共有しましょう。
・クラスの読み札と取り札を回収し、実際に遊んでみることも可能です。

●アレンジ　ことわざ×かるた　俳句×かるた

クラスいろはがるた

クラス（　　　）　番号（　　　）　氏名（　　　　　　　　　　　）

「いろはがるた」とは

いろは四十七文字を頭文字とすることわざをかるたにしたもの。

「い」…「犬も歩けば棒にあたる」

「ろ」…「論より証拠」

「は」…「花より団子」など （地域によりことわざが異なる場合がある）

〈取り札…絵を描く〉　　　　〈読み札…文を書く〉

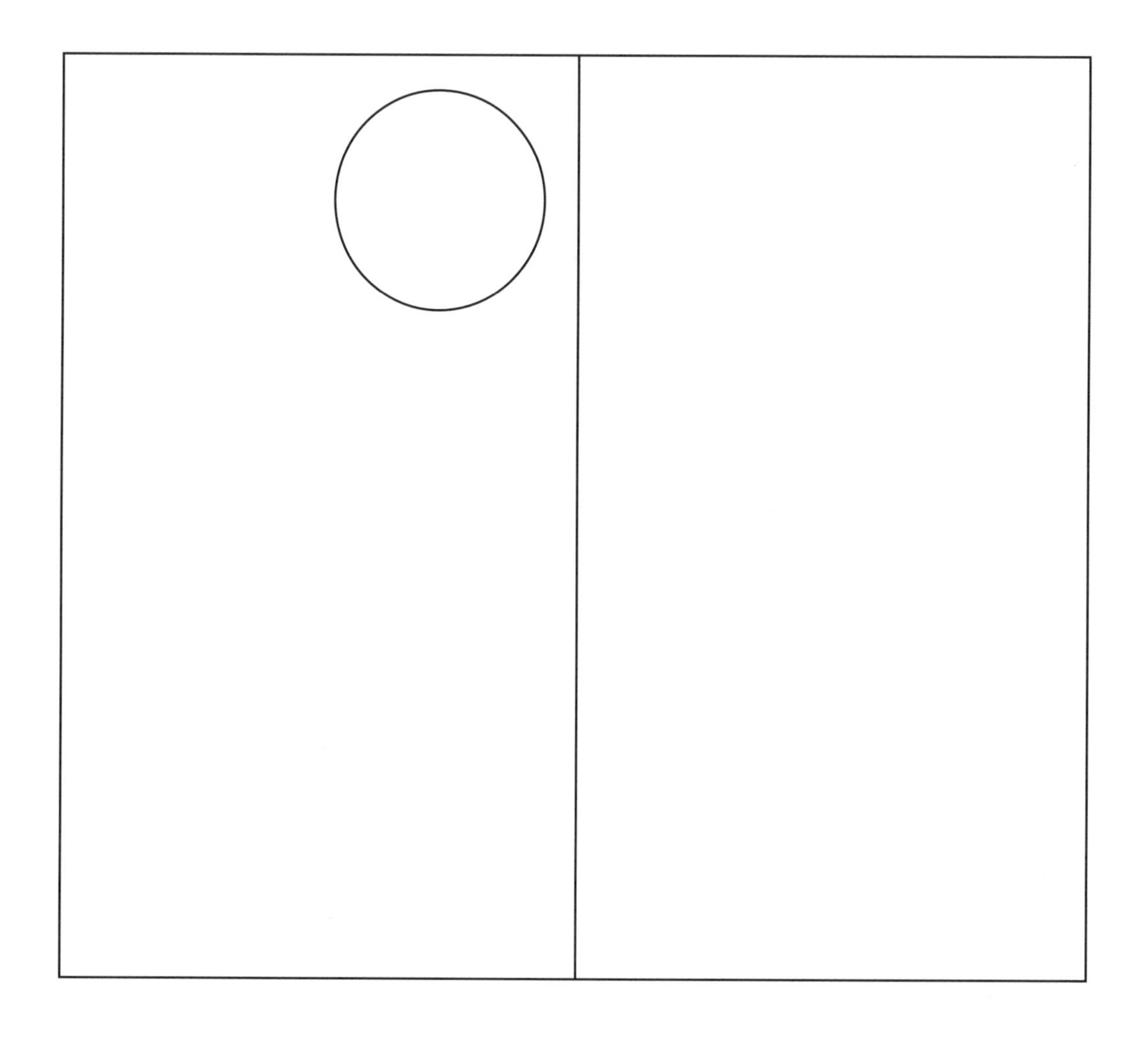

20 オノマトペ×食レポ オノマトペで食レポ

オノマトペや比喩などを使った食レポ（食べたものの批評文）を作り、食べ物の食感、味覚などを工夫して表現する学習に取り組みます。

準備するもの 教師:ワークシート　生徒:なし

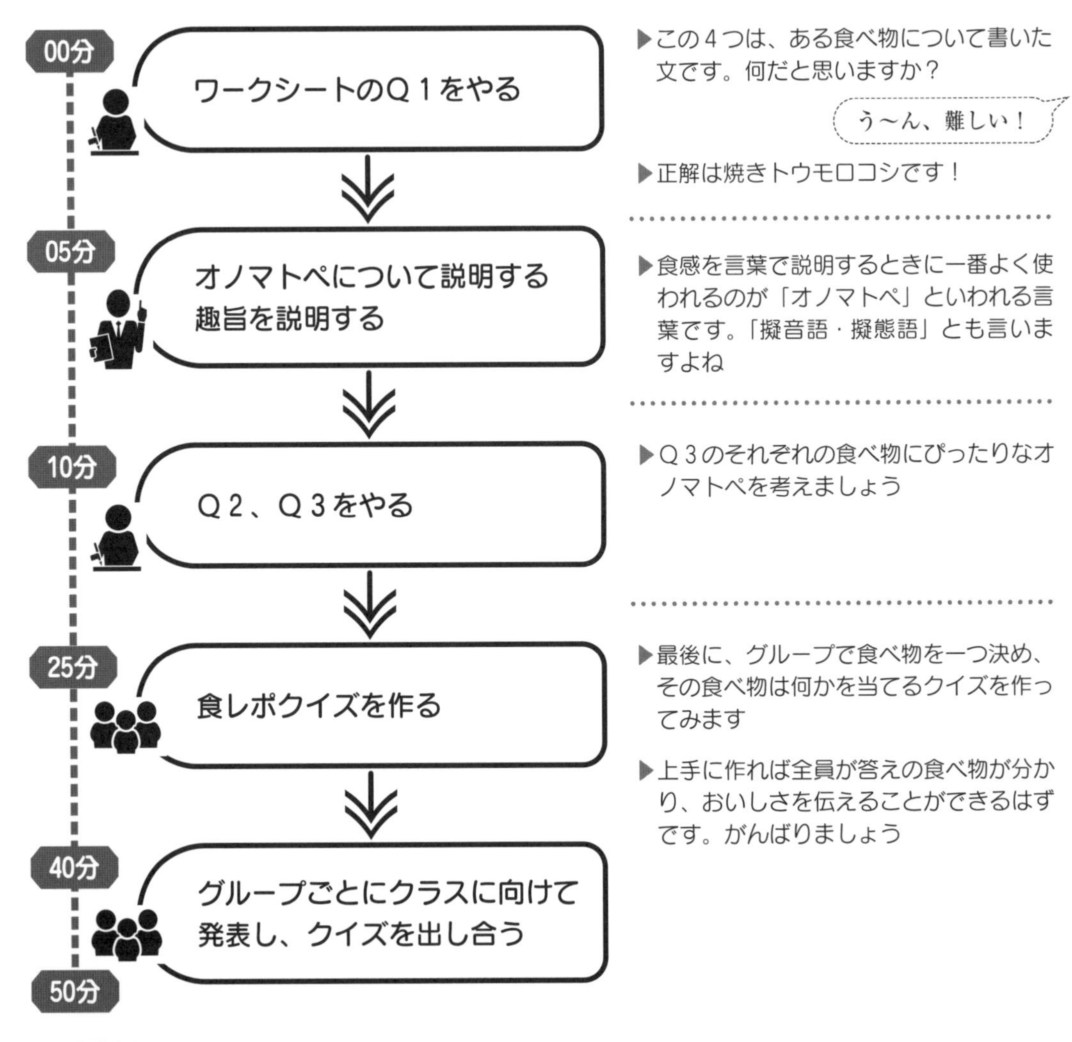

ポイント

・後半の食レポクイズでは、食べ物を教師が指定すると（カレーや肉まん、ピザ、シュークリームなど食感がはっきりとしているものがよい）時間の短縮につながります。
・食レポが巧みなタレントの例（彦摩呂さんなど）を紹介するのも参考になります。

●アレンジ　四字熟語×食レポ　比喩×食レポ

オノマトペで食レポ

クラス（　　　）番号（　　　）氏名（　　　　　　　　　　　）

Q1　これは何の食べ物でしょう？

ヒント① 食べごろの（　？　）には甘みがつまっている。・・味覚

ヒント② あつあつの（　？　）にかぶりつきます。・・・・・食べ方

ヒント③（　？　）のぷちぷちした感じが好き。・・・・オノマトペ(擬音語)

ヒント④（　？　）の醤油の香ばしい香りがたまらない。・・・香り

答え

Q2　次の言葉はどんな食べ物に合う？

①ふわふわ　②もっちり　③こりこり　④しゃきしゃき　⑤ぱりぱり

⑥つるつる　⑦ぷるぷる　⑧ねばねば　⑨しっとり　⑩とろとろ

Q3　次の食べ物の、おいしそうな場合とおいしくなさそうな場合の２種類に分けてオノマトペを用いて表現してみよう。

①うどん　②エビフライ　③オムレツ　④たこ焼き　⑤ポテトチップス

Q4　食べ物を一つ決め、それをＱ１①〜④のように、４つのヒントで表現したクイズをつくってみよう。

食べ物（　　　　　　　　　　　）※これが答えになります。

ヒント①

ヒント②

ヒント③

ヒント④

21 （自己紹介）×（質問ゲーム）質問ゲーム

クラス替えをしてまだお互いのことをあまり知らない時期に行うと効果的です。質問ゲームを通して、きちんと相手の話を聞く態度を身につけることや、クラス内で対話を楽しむ雰囲気を作ることがねらいです。

準備するもの 教師:ワークシート、タイマー　生徒:なし

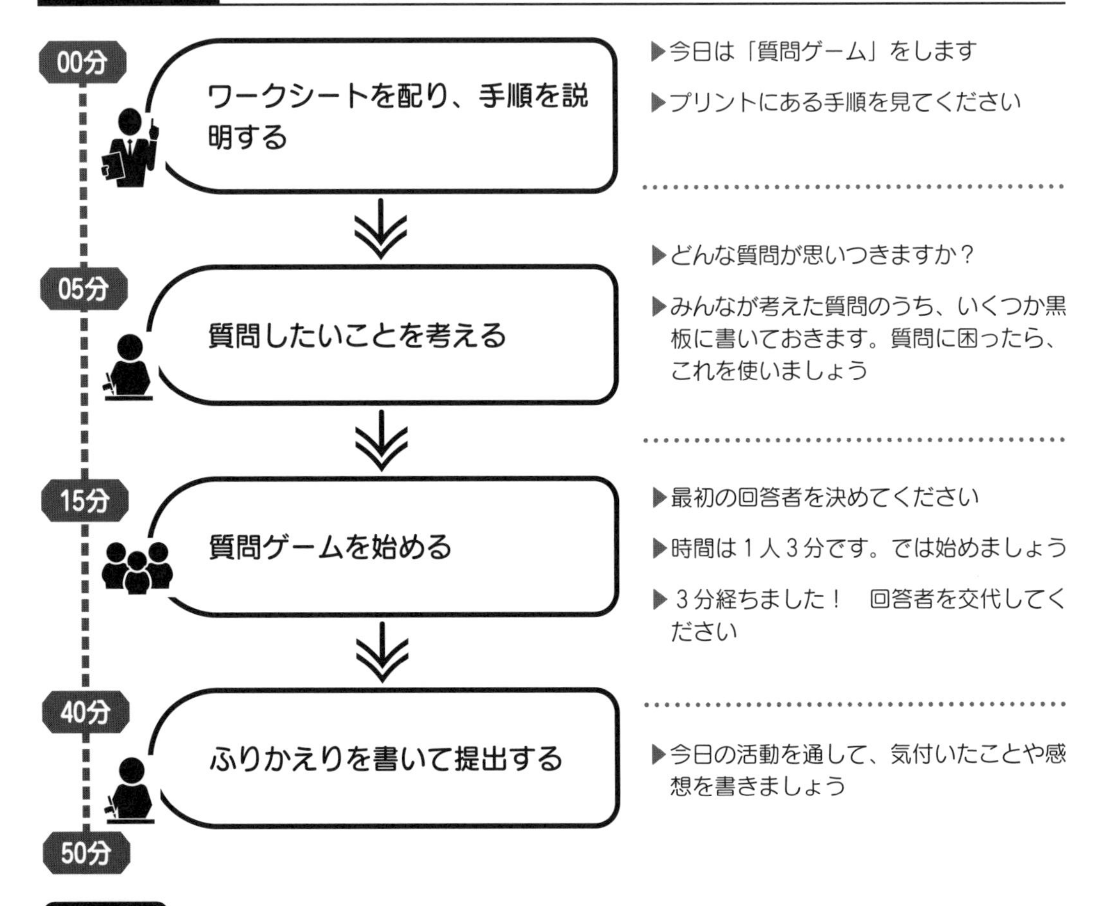

ポイント

・グループの人数や、１人あたりの時間などは、クラスの状況に合わせて変更してください。
・「好きなスポーツは何ですか」といった単語で答えられるような質問の他に、「どんな人にでもやさしくできますか」などの考える必要のある質問があると、活動が深まります。
・「なぜですか」「どういう意味ですか」「具体例はありますか」など基本的な質問のパターンを事前に示しておくと、苦手な生徒でも参加しやすくなるでしょう。

●参考文献・先行実践
河野哲也『「こども哲学」で対話力と思考力を育てる』(河出ブックス、2014年)
●アレンジ　（登場人物）×（質問ゲーム）　（俳句）×（質問ゲーム）

質問ゲーム

クラス（　　　）　番号（　　　）　氏名（　　　　　　　　　　　）

《手順》

・５、６人のグループを組み、円になって座る。（イスだけでよい）
・最初の回答者（質問を受けて答える人）を決める。
・回答者の左隣の人から、時計回りで次々と質問をしていく。
・質問されるごとに、回答者は答える。
・時間が来たら、回答者を交代する。
・全員が回答者をやったところで終了。

◎質問したいことのアイデア

〔　　　　　　　　　　　　　　　　　　　　　　　　　　〕

〔　　　　　　　　　　　　　　　　　　　　　　　　　　〕

〔　　　　　　　　　　　　　　　　　　　　　　　　　　〕

～ 質問ゲームを上手に楽しむコツ ～
・ゆっくり、じっくり、慌てずに取り組もう。
・わからないときは、「わかりません」でもＯＫ。
・沈黙の時間があってもＯＫ。
・発言している人の話を聞かないのはＮＧ。
・相手の発言を茶化したり、冷やかしたり、バカにしたりするのはＮＧ。

◎ふりかえり

…………………………………………………………………………

…………………………………………………………………………

…………………………………………………………………………

…………………………………………………………………………

俳句 × 改悪例

22 改悪例で俳句鑑賞

俳句の表現を味わうために、あえてその俳句の良さを台無しにする「改悪例」を作成し、もとの俳句と比較して表現の特徴を引き出していきます。

準備するもの 教師：グループ分のフリップ用の紙（Ｂ４）４枚、マジック　生徒：俳句の載っている教科書

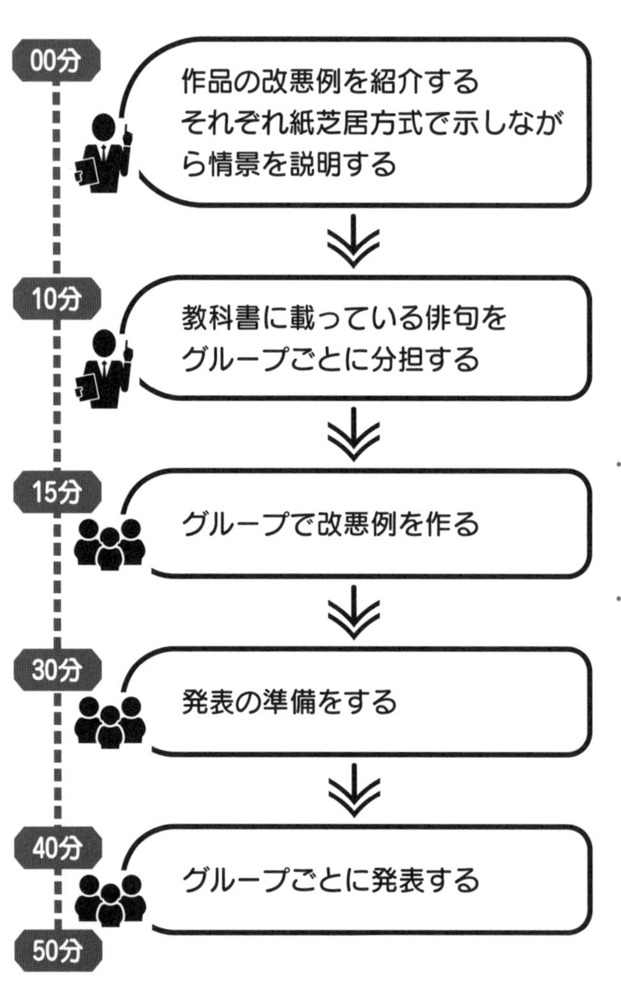

▶俳句の「改悪例」をあえて作って、鑑賞するという方法があります。ためしにやってみせましょう
（before）
「春風や闘志いだきて丘に立つ」
（改悪例その１）
「春風や手紙いだきて丘に立つ」
（改悪例その２）
「春巻きや豆腐いだきて丘に立つ」

▶この俳句は、何かに挑戦しようとする新たな気持ちを「春風」、「闘志」という言葉で表しているのが「キモ」だということが分かります

▶このような感じで、もとの俳句と改悪例の俳句とを比較して、もとの俳句の「キモ」がどこにあるのかを説明しましょう

▶４人グループで、改悪例２つ以上と「この俳句のキモ」を解説するフリップを作って発表してください

ポイント

・どんな改悪例を作っても許容し、それと比較することによって、もとの俳句の「キモ」が際立ってくるということを強調します。

●**参考文献・先行実践**
穂村弘『はじめての短歌』（成美堂出版、2014年）に改悪例が取り上げられています。

●**アレンジ**　短歌×改悪例　小説×改悪例

「改悪例」生徒作品例

「万緑の中や吾子の歯生え初むる」

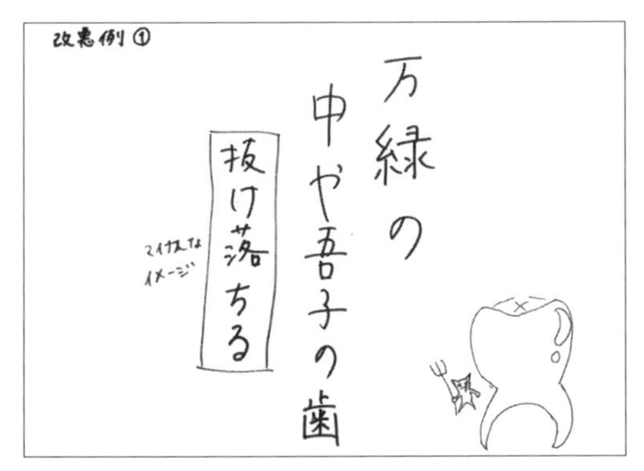

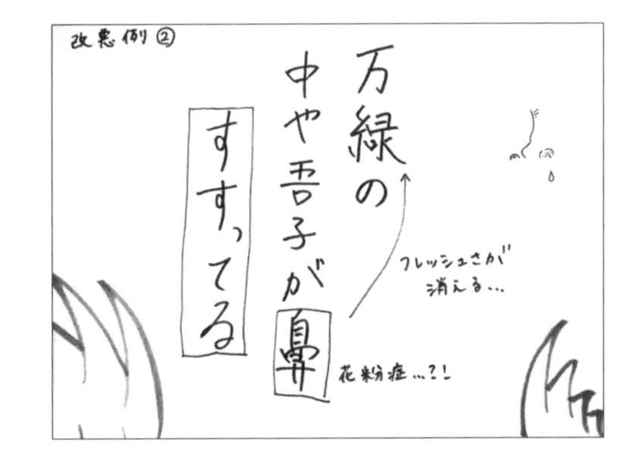

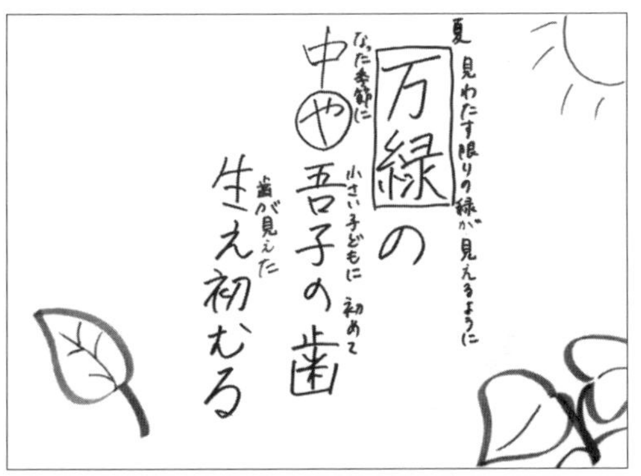

「ひっぱれる糸まっすぐや甲虫」

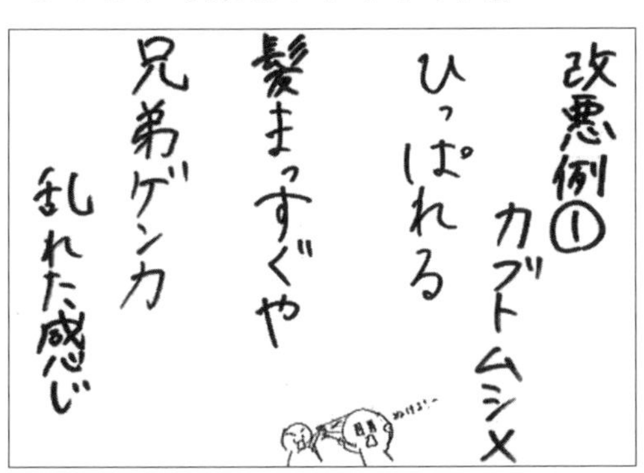

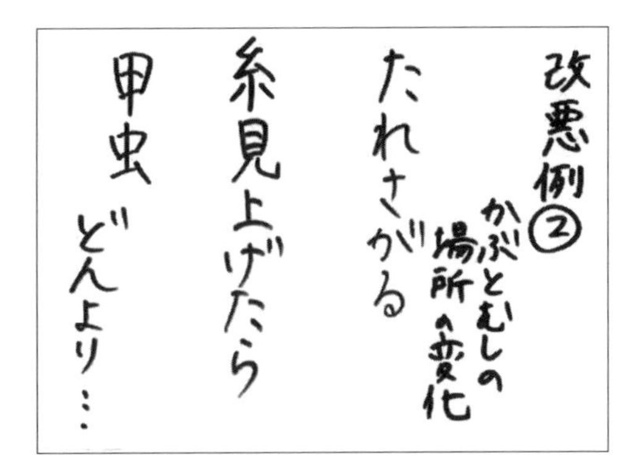

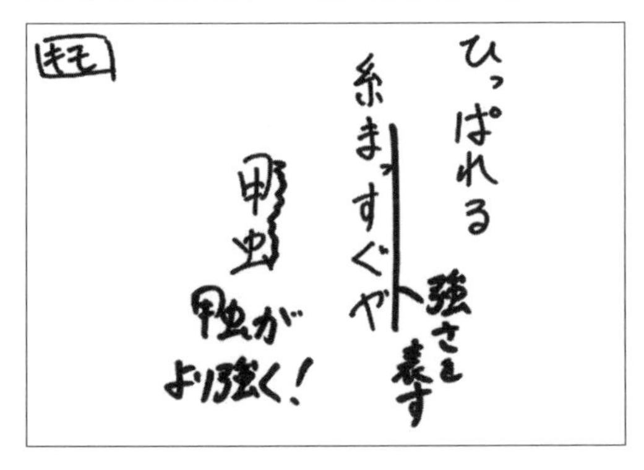

(小説)×(すごろく)

23 走れメロスすごろく

　小説の内容を双六の形式で表現する学習です。双六形式で表現することで、作品の展開を自分なりに捉え直す学習につながります。

準備するもの　教師:ワークシート、さいころ(ゲームをする場合)　生徒:教科書

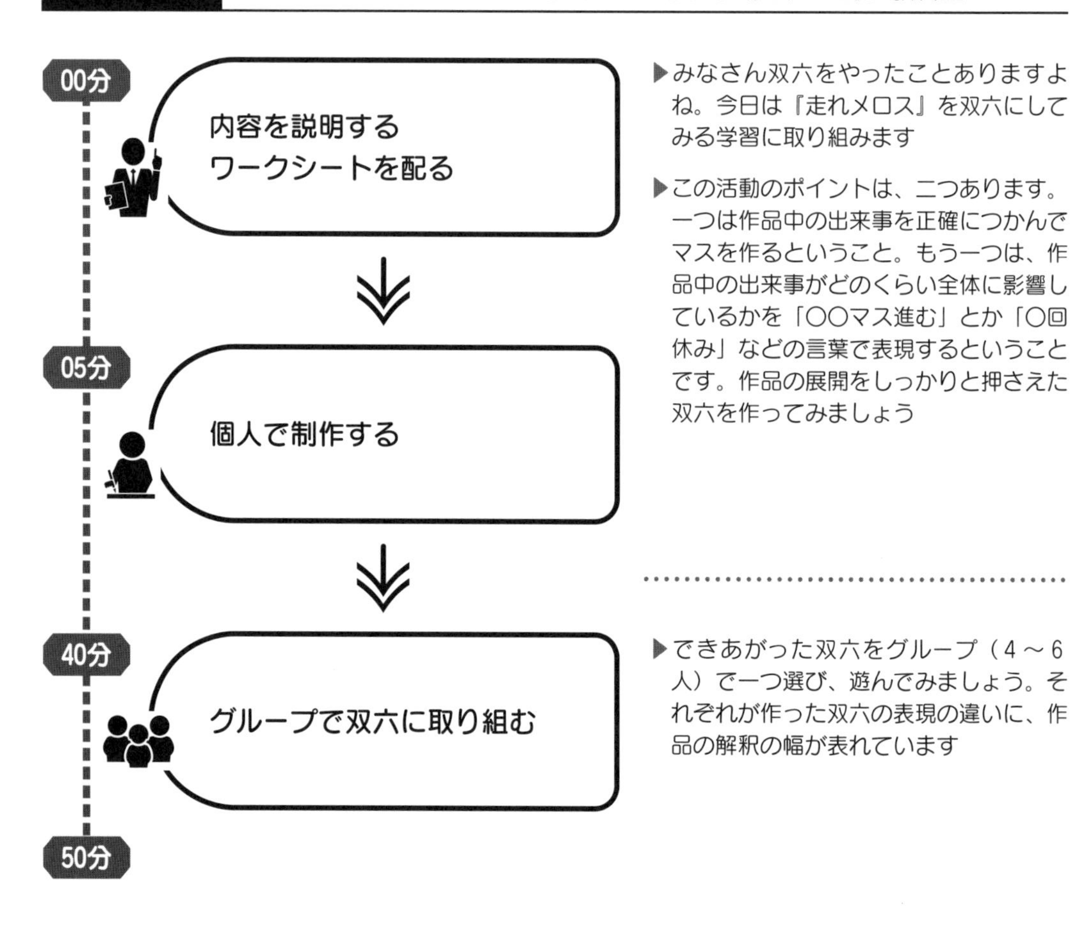

▶みなさん双六をやったことありますよね。今日は『走れメロス』を双六にしてみる学習に取り組みます

▶この活動のポイントは、二つあります。一つは作品中の出来事を正確につかんでマスを作るということ。もう一つは、作品中の出来事がどのくらい全体に影響しているかを「○○マス進む」とか「○回休み」などの言葉で表現するということです。作品の展開をしっかりと押さえた双六を作ってみましょう

▶できあがった双六をグループ（4～6人）で一つ選び、遊んでみましょう。それぞれが作った双六の表現の違いに、作品の解釈の幅が表れています

ポイント

- すごろくの基本のマスは3種類。「進む」「休む」「戻る」です。このほかにいろいろなパターンを工夫させると、面白い活動につながります。
- 完成した後、ギャラリーウォーク（6頁参照）による共有も効果的です。

●アレンジ　(ことわざ)×(すごろく)　(自己紹介)×(すごろく)

走れメロスすごろく

クラス（　　）　番号（　　）　氏名（　　　　　　　　）

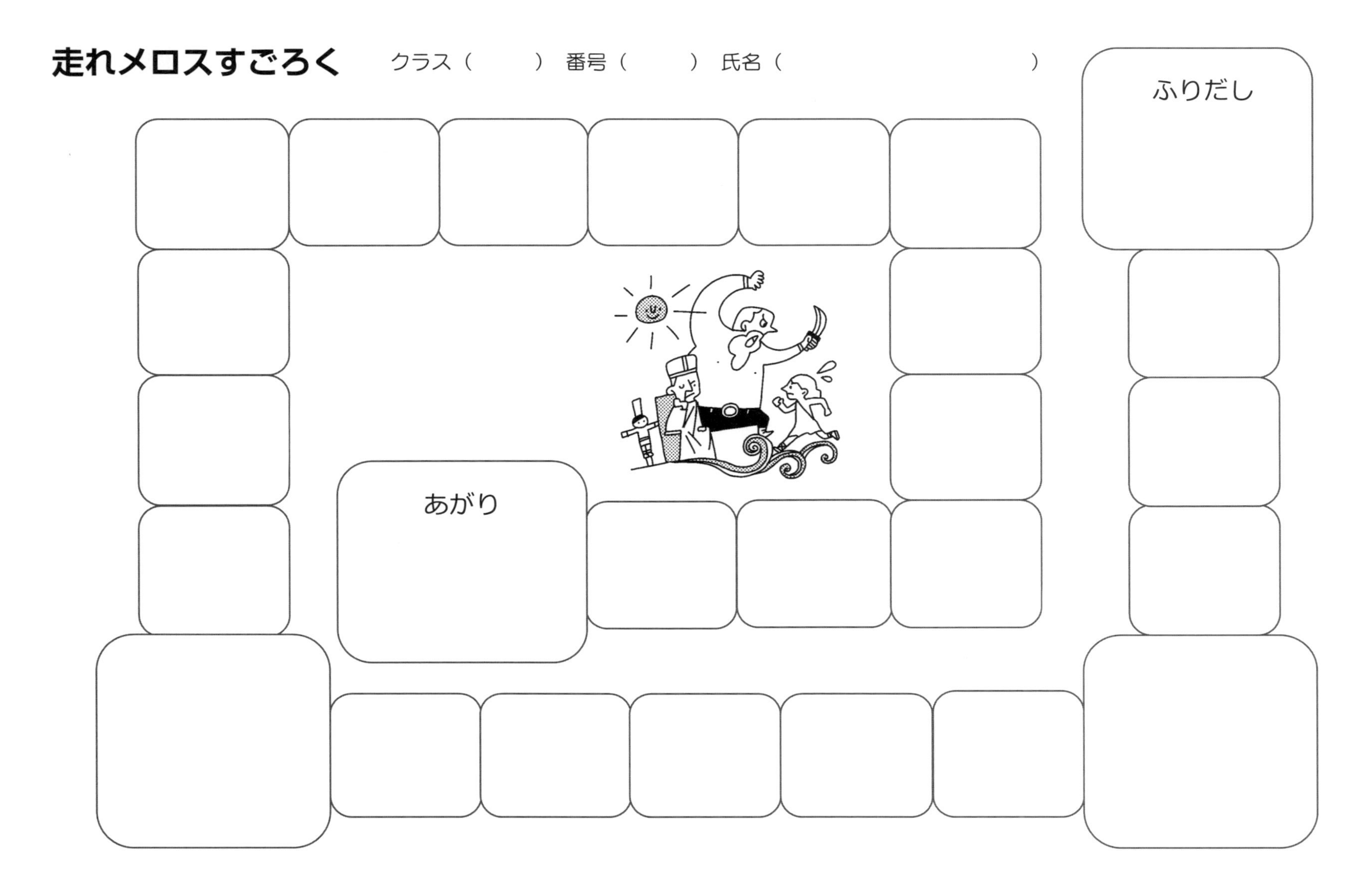

タイトル

クラス（　　）番号（　　）　氏名（　　　　　　　　　　）

〈コメント〉

3章 たたかう

24 語釈×選択式クイズ たほいや

「たほいや」は辞書を使った学習ゲームです。難解な言葉の意味を推測するゲームを通して、語感を養います。

準備するもの 教師：Ａ３ぐらいの大きさの紙、マジック　生徒：国語辞典

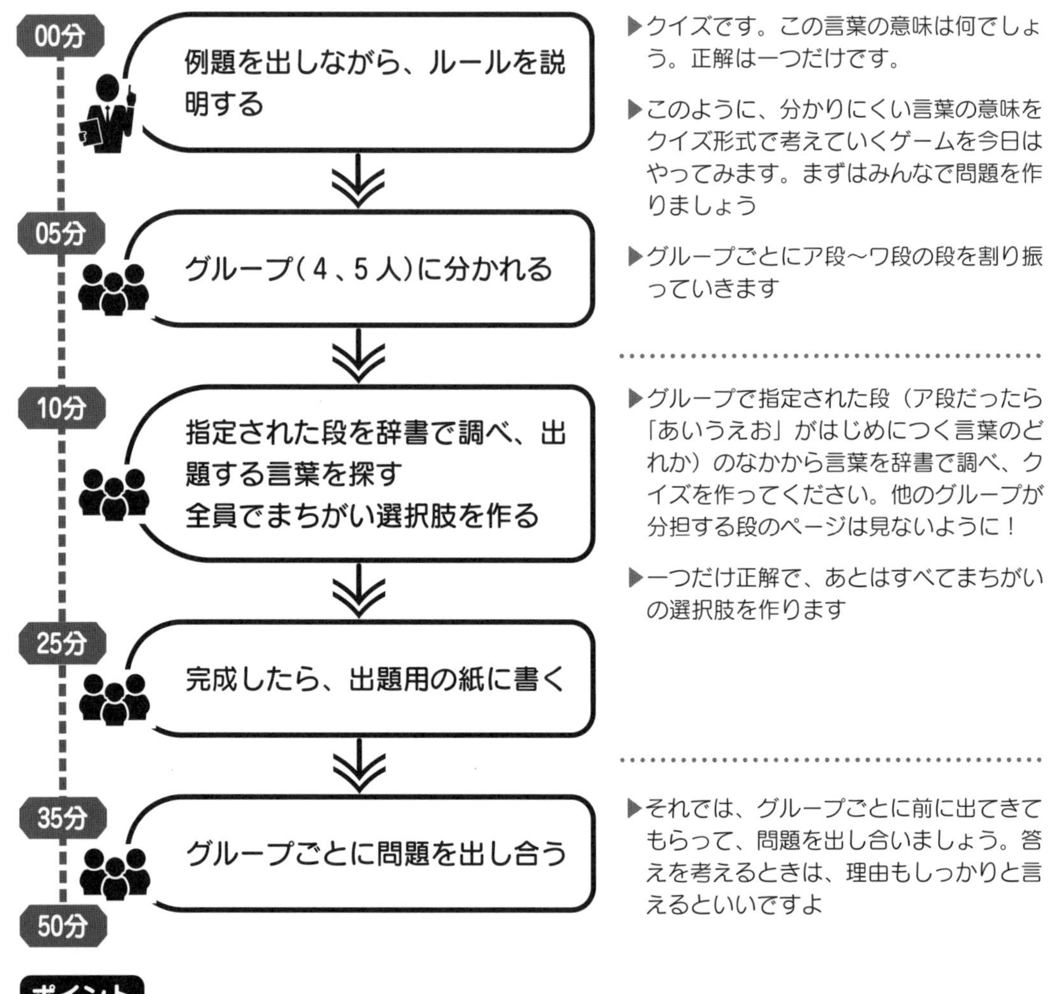

▶クイズです。この言葉の意味は何でしょう。正解は一つだけです。

▶このように、分かりにくい言葉の意味をクイズ形式で考えていくゲームを今日はやってみます。まずはみんなで問題を作りましょう

▶グループごとにア段～ワ段の段を割り振っていきます

▶グループで指定された段（ア段だったら「あいうえお」がはじめにつく言葉のどれか）のなかから言葉を辞書で調べ、クイズを作ってください。他のグループが分担する段のページは見ないように！

▶一つだけ正解で、あとはすべてまちがいの選択肢を作ります

▶それでは、グループごとに前に出てきてもらって、問題を出し合いましょう。答えを考えるときは、理由もしっかりと言えるといいですよ

ポイント

・例題の答えはどちらもイが正解です。
・必ず１人１つは選択肢を作るように促してください。
・問題となる言葉からイメージを膨らませて答えの選択肢を作っていきます。いかに本物らしい引っかけ選択肢を作るかがポイントです。

●参考文献・先行実践

『たほいや』（フジテレビ出版、1993年）
池田修「たほいや」『授業づくりネットワーク』（学事出版、1997年２月号）

●アレンジ　ことわざ×選択式クイズ　古文単語×選択式クイズ

たほいや（辞書遊びゲーム）をやってみよう

クラス（　　　）　番号（　　　）　氏名（　　　　　　　　　　　）

次の言葉の正しい意味を
一つだけ選びなさい。

「おねげる」
ア　キク科の多年草
イ　フランス近代の作曲家
ウ　礼を尽くして依頼する
エ　みこしを担ぐときのかけ声
オ　トルコ料理に使用されるスパイス

次の言葉の正しい意味を
一つだけ選びなさい。

「しものこえ」
ア　江戸時代、目安箱に寄せられた言葉
イ　霜の降りたときのしんしんとした感じ
ウ　冬の早朝に土中の水分が凍結する際に発する音
エ　使われなくなったこえだめ

グループで問題を作ってみよう

指定された段〔　　　　　〕段

出題する言葉「　　　　　　　　　　　」

問題（正解を一つだけ入れる）
ア

イ

ウ

エ

オ

※私が考えた選択肢（　　　　　　）

25 論理×こじつけ ムリヤリロジック

一見すると意味の通らない二文を、接続語を使って「ムリヤリ」つなげる取り組みです。文と文との論理的なつながりを意識させるとともに、ゲームでの高得点を狙うことで、なじみの薄い接続語にふれさせる機会とします。

準備するもの 教師:ワークシート　生徒:なし

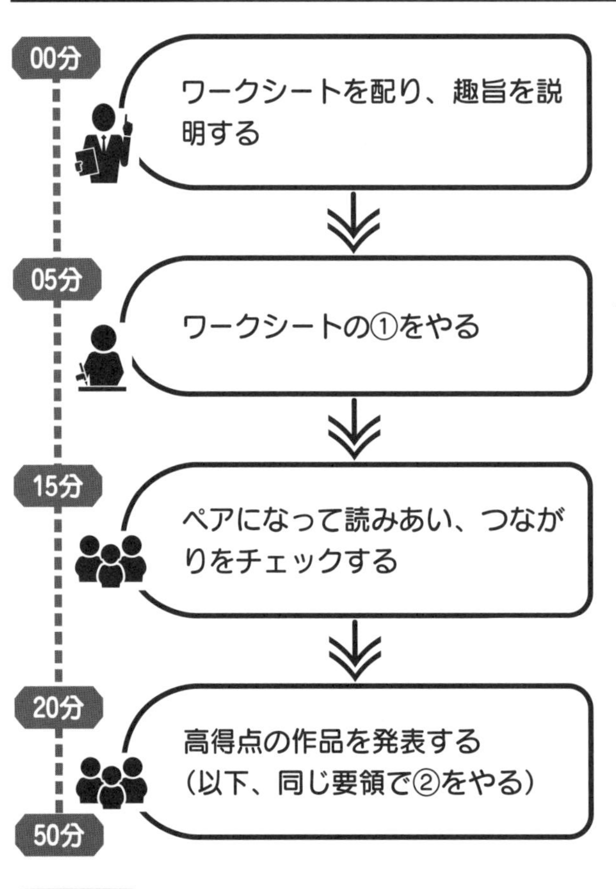

▶「例」のAとBを見てください。これだけではつながっていませんが、間にいくつか文が挟まることによって、つなげることができます

▶このように、直接はつながらない文同士を、接続語をうまく使ってつないでみましょう

▶では、さっそく①をやってみましょう

▶高得点目指してがんばってください

▶二人組になって、プリントを交換しましょう

▶正しく文がつながっているかを確認してください

▶○○点以上の人はいますか？　発表してください

ポイント

・６つの文を使わなくてもつなげることはできますが、その分得点は低くなります。
・文がつながっていなければ２点減点（または０点！）などとすれば、生徒はよりつながりに意識を向けるでしょう。
・難度の高い接続語の意味や使い方を事前に教えるかどうかは、クラスの実態に合わせて変えてください。
・教師が見て回り、接続語の使い方が適切かどうかチェックすると、より効果的です。

●アレンジ　ことわざ×こじつけ　慣用句×こじつけ

ムリヤリロジック

クラス（　　　）番号（　　　）氏名（　　　　　　　　　）

《ルール》

・ＡとＢの文がうまくつながるように、接続語を使った間の文を考えてください。（最大６つまで）

・使う接続語は、以下のリストから選んでください。難易度によって点数が違います。

・一度使った接続語は使えません。

・使った接続語の合計点が、あなたの得点になります。ただし、前後の話がつながっていない場合は減点！

例　Ａ　運動会の当日に雨が降った。
⇒ しかし 運動会は体育館で行われる予定であった。⇒ つまり 運営に支障はなかった。
Ｂ　だから運動会が挙行された。　・・・２点

①　Ａ　宿題を忘れた。

⇒（　　　　）⇒（　　　　）

⇒（　　　　）⇒（　　　　）

⇒（　　　　）⇒（　　　　）

Ｂ　だから先生にほめられた。

②　Ａ　サッカーの試合でみんながミスばかりした。

⇒（　　　　）⇒（　　　　）

⇒（　　　　）⇒（　　　　）

⇒（　　　　）⇒（　　　　）

Ｂ　だから試合に勝った。

◆接続語リスト

１点	そして　さらに　しかも　また　すると　しかし　つまり　だが　ところが　それから　そのうえ　だから　それで
２点	そればかりか　おまけに　もちろん　しかしながら　むしろ　したがって　やがて　それでも　ただし　なぜなら
３点	ひいては　あまつさえ　のみならず　されど　しかるに　いわんや　ところで　ゆえに　とどのつまり

26 登場人物×キャスティング キャスティングコンペ

学習した小説を映画化するとしたら…、キャスティングディレクターになったつもりで、小説の登場人物それぞれについて、一番ぴったりの配役を考えるという活動です。登場人物について詳細にイメージする力に加え、他人に論理的に理由を説明する力も必要となります。

準備するもの 教師:ワークシート 生徒:教科書

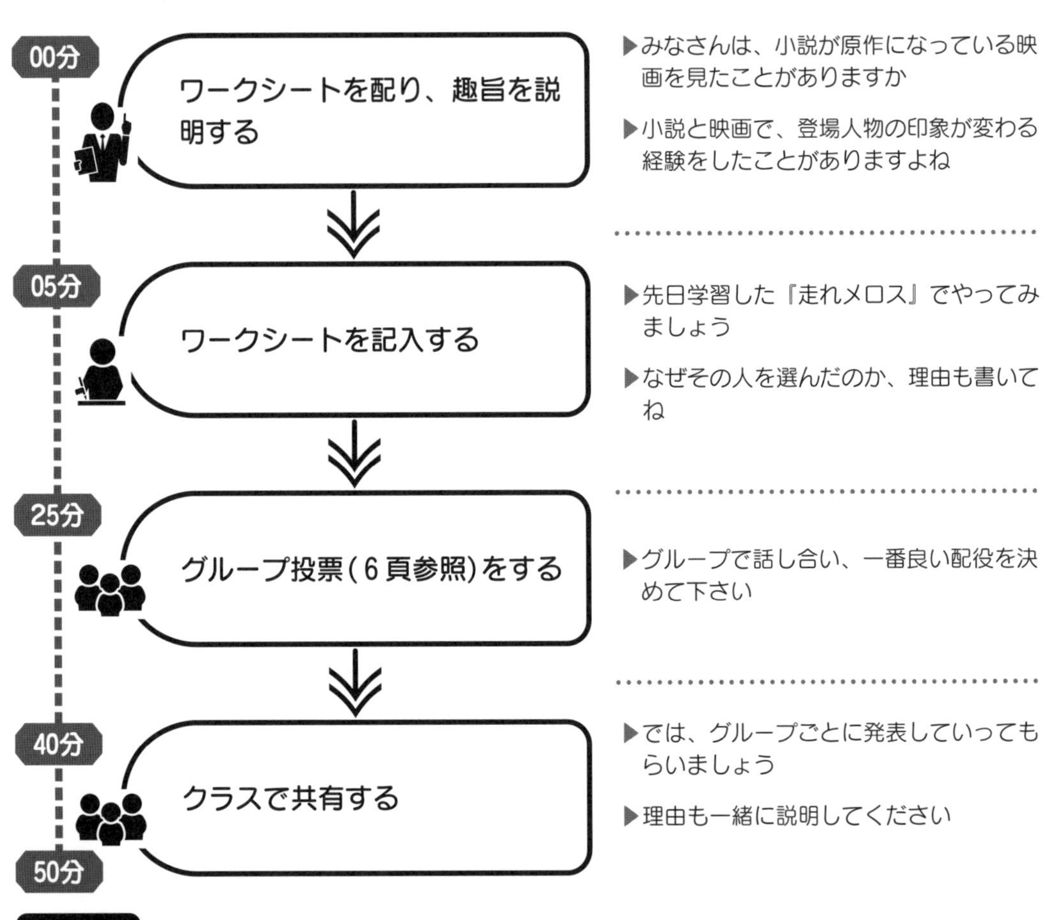

ポイント

・小説の登場人物が子どもばかりだと、難しいと思います(子役があまり思い浮かばないので)。
・単に自分の好きな芸能人だから、というだけでなく、客観的な理由を考えさせてください。
・主役を原作の小説とは変えて、配役を考えるというのも面白い活動です(『走れメロス』であれば「ディオニス」を主役にして配役を考える、など)。

●アレンジ (古文)×(キャスティング) (四字熟語)×(キャスティング)

キャスティングコンペ

クラス（　　　）番号（　　　）氏名（　　　　　　　　　　　）

タイトル【　　　　　　　　　　　　　　　　　　　　】

主演　　　　　　　　　　役

キャスティングの理由

その他のキャスト

役

役

役

役

役

キャスティングの理由

敬語×ロールプレイ
敬語ダウトを探せ

実生活の中では、敬語は書くこともよりも話す機会が多いものです。授業で敬語を学習した後に、実生活に敬語を活かすことを目標にした活動です。

準備するもの 教師:ワークシート　生徒:なし

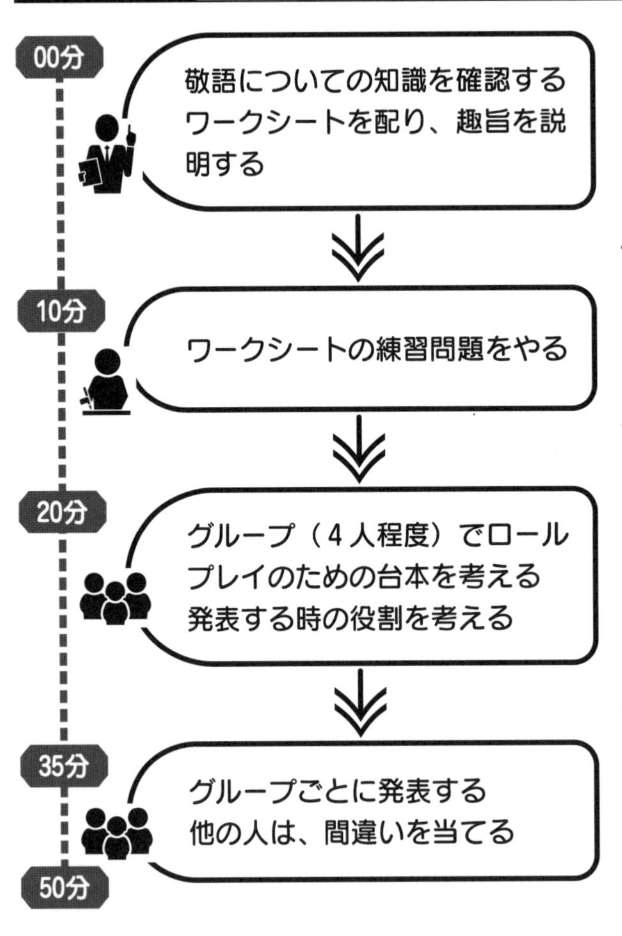

▶実生活で敬語を使うのは、どういう場面ですか

▶尊敬語と謙譲語の違いについて、復習してみましょう

▶練習問題の１、２を見てください。間違いを指摘して、正しい敬語に直しましょう

▶それでは班になって、練習問題のような台本を考えてみましょう。会話文の中に、必ず一つは敬語の間違いを入れてください

▶まずは、場面と使用する単語（これを敬語に直す）を選びましょう

▶グループの中で役割を決めて、順に発表していきます

▶発表グループ以外の人は、間違いが分かったら答えてください

ポイント

・グループ活動の際は、台本を考える人、発表でロールプレイをする人、など役割を分担するとよいでしょう。
・ロールプレイが終わってから間違いを指摘するやり方の他に、ロールプレイの最中でも気付いたそばから「ダウト！」と言って答えていく方法もあります。
・台本を作る際に、正しい敬語を混ぜておくと、問題の難易度が上がり、回答者をより悩ませることができます。

●アレンジ　古文×ロールプレイ　小説×ロールプレイ

敬語ダウトを探せ

クラス（　　　）番号（　　　）氏名（　　　　　　　　　　）

練習１（喫茶店にて）

店員「ご注文は何になさりますか？」

客「デザートを何か召し上がりたいのですが。」

店員「こちらのデザートメニューを拝見してください。」

練習２（洋服販売のアルバイトにて）

客「すみません、この服、別の色はありませんか？」

私「少々お待ちください。…　すみません、店に在庫がなく、店長にお聞きしないと分からないのですが」

客「店長さんは今、いらっしゃいますか」

私「いらっしゃいますよ。今、聞いてみます」

課題　ロールプレイのための台本を作りましょう。

①場面と、使用する単語を選ぶ。

②役割を設定し、台本を考える。

③途中に敬語の間違い（ダウト）を必ず入れる。

場面（　　）職場体験の依頼

（　　）レストランでの客とのやりとり

（　　）高校入学のための面接試験

使用する単語【　行く　来る　言う　見る　聞く　する　食べる　】

……………………………………………………………………

……………………………………………………………………

……………………………………………………………………

……………………………………………………………………

……………………………………………………………………

……………………………………………………………………

……………………………………………………………………

……………………………………………………………………

……………………………………………………………………

(ことわざ)×(ディベート)

28 ことわざ討論ゲーム

「渡る世間に鬼はなし」と「人を見たら泥棒と思え」、「鉄は熱いうちに打て」と「石橋を叩いて渡る」など、ことわざにはその教訓が対立しているものがあります。討論ゲームの手法を用いて、果たしてどちらが教訓として有効なのかを話し合う活動です。

準備するもの 教師:ワークシート　生徒:なし

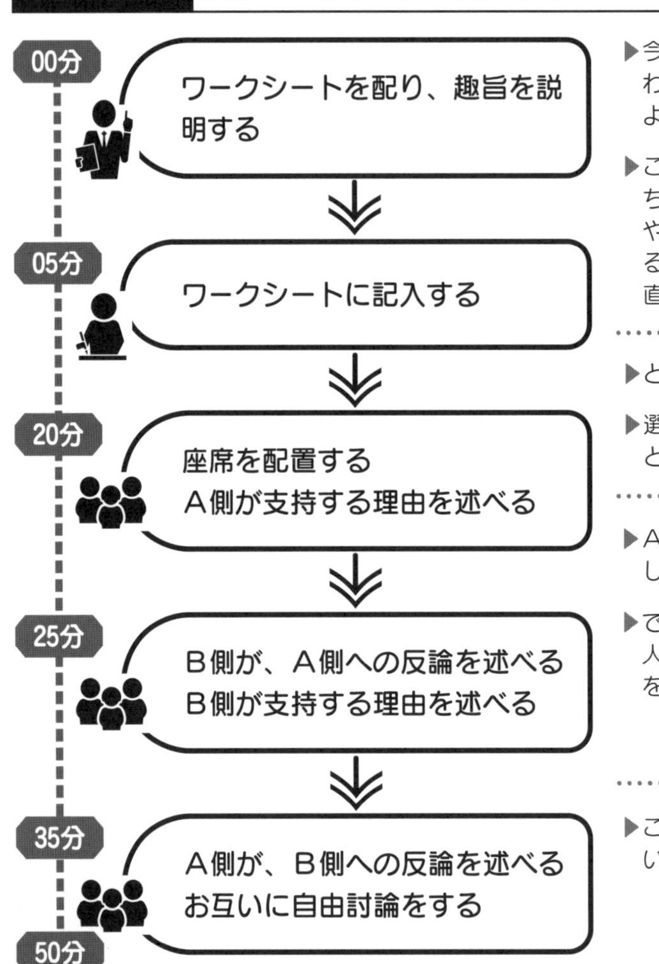

▶今日のテーマは「ことわざ」です。ことわざには対立するような教訓がありますよね

▶これから示す2つのことわざのうち、どちらを支持するかを決めて討論ゲームをやってみましょう。テーマはA「二度あることは三度ある」とB「三度目の正直」です

▶どちらかのことわざを選んでください

▶選んだことわざの方が教訓として有効だと考える理由も書いてくださいね

▶A側とB側が向き合うように座席を動かし、移動してください

▶では「討論ゲーム」を始めます。A側の人から、教訓として有効だと考える理由を述べてください

▶ここからは互いに意見のある人が述べていきましょう

ポイント

・AとBで生徒の選ぶことわざが偏った場合は、先生の方で調整してください。
・全員を2つに分けてやる場合には、勝敗を決めなくてもよいでしょう。
・討論の参加者を限定し、他の生徒にはジャッジをさせるという方法もあります。

●参考文献・先行実践
池田修『スペシャリスト直伝！ 中学校国語科授業成功の極意』(明治図書、2017年)

●アレンジ (登場人物)×(ディベート) (四字熟語)×(ディベート)

ことわざ討論ゲーム

クラス（　　　）番号（　　　）氏名（　　　　　　　　　　）

A〔　　　　　　　　　　　　　　　〕　B〔　　　　　　　　　　　　　　　〕

私は

の方が、教訓として有効だと考える。

理由（箇条書きで書く）

予想される相手の意見	それに対する反論

29 短歌×連想
近代歌人と下の句対決

近代短歌の上の句に、自分なりの下の句をつけていく活動です。定型のリズムに慣れさせるとともに、自由に発想したり、制限のある中で表現したりする言葉遊びの楽しさにふれさせることがねらいです。

準備するもの 教師:ワークシート　生徒:なし

ポイント

・石川啄木以外でも、様々な短歌で応用できます。
・いきなり下の句を創作するのが難しそうな場合は、短歌の一部を空欄にして、そこに当てはまる語句を考えさせるというゲームを導入にするとよいでしょう。
・元の歌は「君に似し姿を街に見る時の／こころ躍りを／あはれと思へ」「友がみなわれよりえらく見ゆる日よ／花を買ひ来て／妻としたしむ」です

●参考文献・先行実践
産業編集センター編『穴うめ短歌でボキャブラリー・トレーニング』（産業編集センター、2013年）

●アレンジ　俳句×連想　ことわざ×連想

近代歌人と下の句対決

クラス（　　）番号（　　）氏名（　　　　）

（１）君に似し姿を街に見る時の

（下の句１）

（下の句２）

（２）友がみなわれよりえらく見ゆる日よ

（下の句１）

（下の句２）

《クラスで良い句を選ぼう》

①四、五人のグループになる。
②配られた句をグループで読み合う。
③面白いもの、発想が優れているものを一つ選ぶ。
④クラス全体に発表し、共有する。

30 押韻×音読
韻文詩作成競争

押韻を理解するための実践です。

韻文詩を作ってみて、音が揃う感覚を体感させることをねらいとします。

準備するもの 教師：作品例のプリント、罫線ワークシート（120頁） 生徒：なし

00分 作品例を配り、趣旨を説明する

▶みなさん、次の詩を読んでみてください。何か気づいたことはありますか

同じような音が続いている！

▶これを「押韻」といいます。今日の授業では、押韻のある詩を作ってみましょう

05分 テーマやキーワードを決める
音の似ている語を探す

▶まずはテーマやキーワードを決めましょう。最初の詩の例では「とり」でした

▶キーワードから、音の似ている言葉を見つけて、つなげられるとよいですね

15分 詩の形にととのえる

▶使いたい言葉がある程度見つかったら、詩の形にしてみましょう

▶意味よりも、リズムの良さを優先してくださいね

35分 グループ投票（6頁参照）で
一番良い作品を選ぶ
グループの代表者が発表する

▶実際に音読してみて、一番リズムの良いもの、読んでいて気持ちが良いものを選んでください

50分

ポイント

・グループ投票の際、詩のどこをどう変えればよりリズミカルになるか、そういった話し合いもさせてみましょう。学習効果が高まります。
・最後に一つの代表作品を黒板に書き、全員で音読するというのも楽しい活動です。
・作品集づくり（6頁参照）によるフィードバックも効果的です。
・ラップのようなものにもなりがちですが、押韻の感覚がつかめればよいので可です。

●参考文献・先行実践
谷川俊太郎編『遊びの詩』（筑摩書房、1981年）
内田麟太郎『内田麟太郎詩集　きんじょのきんぎょ』（理論社、2006年）
●アレンジ （古文）×（音読） （漫画）×（音読）

韻文詩作成競争　作品例

ことり　（生徒作品例）

ことり　このとり
いろとりどり

とっとり
の　とり
とりみだす

かなりあ　内田麟太郎

かなりあ
かなり　なかなかった
なこうとしたら　こえでなかった
かなりあ　かなり　かなしかった

しか　きいて　おかしかった
むささび　きいて　わびしかった

かなりあ
かなり　れんしゅうした
かなり　あかりがさしてきた

しか　きいて　うれしかった
むささび　きいて　むせびないた

はる　畑中圭一

春
おにいちゃん　むねを　はる
にねんせいに　なりはる

春
おかあちゃん　おなかが　はる
すこし　たべすぎてはる

春
おばあちゃん　しょうじを　はる
ぼくに　もんくを　いうてはる

春
おとうちゃん　ポスター　はる
春の　おおうりだしやて

メモ

31 俳句×句会 ミニ句会

準備なし、50分でできる簡単な句会の実践例です。

句会では、創作時の自分の考え以上に、読者が意味を見出すといったことがしばしば起こります。簡略版の句会ではありますが、生徒にとっては新鮮な体験となります。

準備するもの 教師:歳時記、短冊状に切ったコピー用紙　生徒:国語辞書、メモ用紙

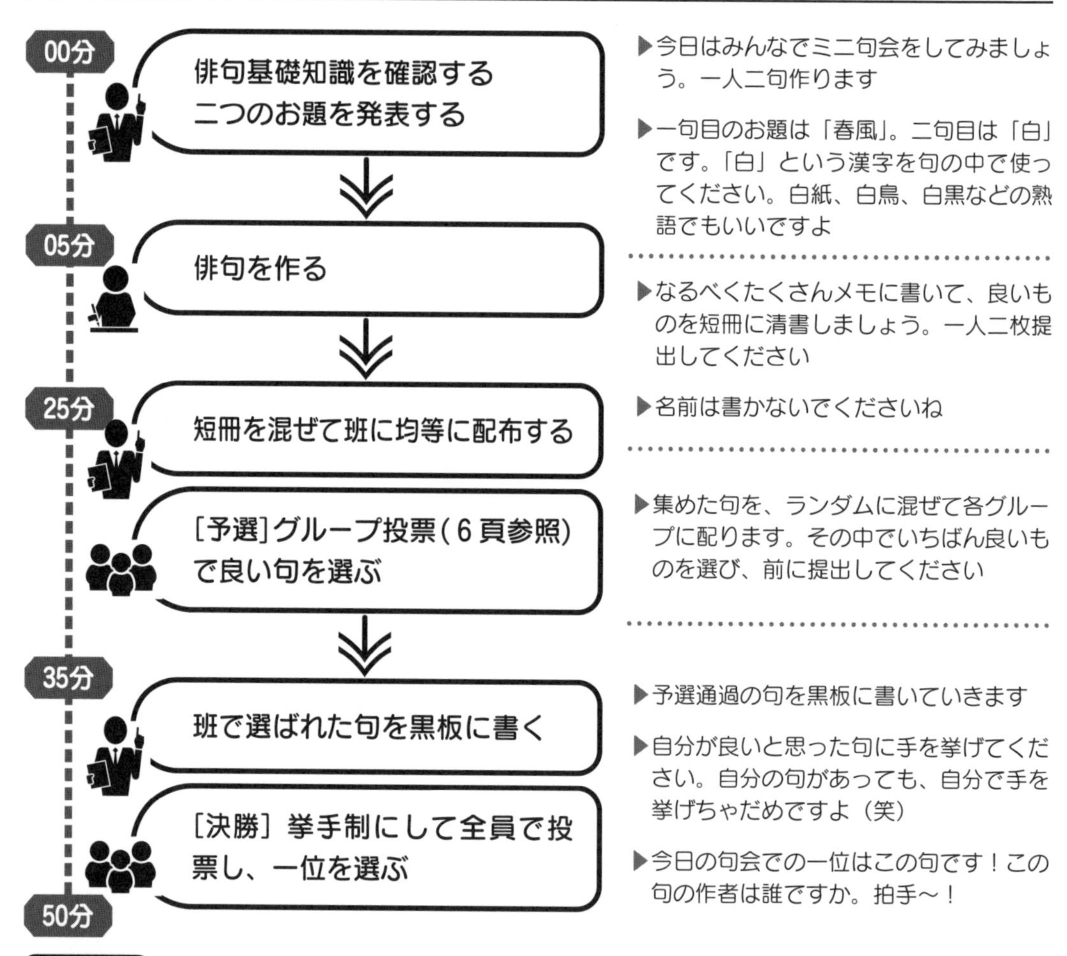

▶今日はみんなでミニ句会をしてみましょう。一人二句作ります

▶一句目のお題は「春風」。二句目は「白」です。「白」という漢字を句の中で使ってください。白紙、白鳥、白黒などの熟語でもいいですよ

▶なるべくたくさんメモに書いて、良いものを短冊に清書しましょう。一人二枚提出してください

▶名前は書かないでくださいね

▶集めた句を、ランダムに混ぜて各グループに配ります。その中でいちばん良いものを選び、前に提出してください

▶予選通過の句を黒板に書いていきます

▶自分が良いと思った句に手を挙げてください。自分の句があっても、自分で手を挙げちゃだめですよ(笑)

▶今日の句会での一位はこの句です！この句の作者は誰ですか。拍手～！

ポイント

・お題は、実施日に合わせた季語の他に、「風」「本」「さらさら」など無季の特定の語を使うと面白くなります。
・短時間に二句作るのが難しいようであれば、お題や作る句の数を一つにしてください。
・班の人数や、選ぶ句の数などはクラスの人数に合わせて適宜変えてください。

●参考文献・先行実践

より本格的に句会を授業で行いたい場合は、坪内稔典『坪内稔典の俳句の授業』(黎明書房、1999年)が参考になります。

●アレンジ 短歌×句会　論理×句会

ミニ句会

クラス（　　　）　番号（　　　）　氏名（　　　　　　　　　）

一句目のお題【　　　　　　　　】

二句目のお題【　　　　　　　　】

作句のためのメモ

《選句の方法　例》

（準備）

①考えた句を一句ずつ短冊に清書する。その時、名前は書かないこと。

②短冊を、先生がすべて集め、よく混ぜる。

（予選）

③生徒同士で四、五人のグループになる。

④先生が、各グループにおよそ均等な数になるように短冊を配る。

⑤配られた句をグループで読み合う。

⑥面白いもの、発想が優れているものを一つ選び、予選通過作品とする。

（決勝）

⑦各グループで選ばれた予選通過作品を、先生が黒板に書いていく。

⑧先生が順に読み上げ、生徒は一番良いと思った作品に挙手する。

⑨票を集めた句から順に、作成者は名乗る。

32 俳句×ディベート 俳句「鑑賞」甲子園

「俳句甲子園」のフォーマットを活用した俳句鑑賞の活動です。ディベート形式で俳句の良さを討論していくことで、様々な角度から俳句の魅力に迫っていきます。

準備するもの 教師：ワークシート、俳句甲子園の映像、伊藤園「お～いお茶 新俳句大賞」優秀作品例　生徒：なし

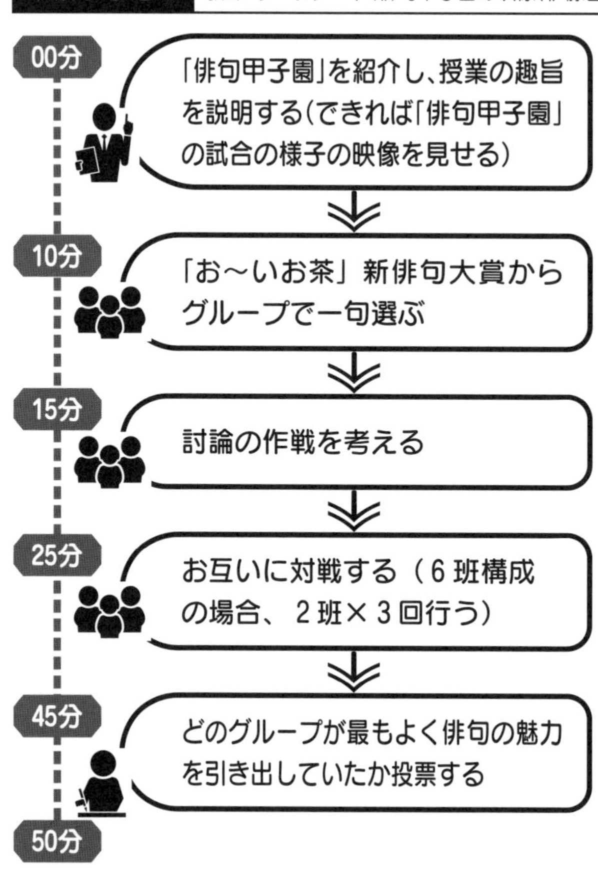

▶「俳句甲子園」って知っていますか？こんな大会が、毎年松山では行われています。

▶このように、自分たちが選んだ俳句の良さを、他の人に説得力ある言葉で訴えるのがこの俳句甲子園のポイントです

▶「お～いお茶」優秀作品の中から、使う俳句を一つ選んでください

▶決まったら、選んだ俳句を黒板に書き出してください

▶対戦する前に、どんな切り口で攻めるか、作戦を考え、メモに書きましょう

▶では、こちらの班から、相手の句に対して質問してください。質問された側は、その質問に答えることで、自分たちの句の良さを述べてください

▶どの班が深く鑑賞していたと思いますか？自分の班以外でよかった班に投票しましょう

ポイント

・各グループには、それぞれ別の年の大賞作品を割り振り、同じ俳句が選ばれないようにしてください。
・教科書に載っている俳句を取り上げるという手もありますが、小学生や同じ世代が作った俳句を取り上げる方が難易度は低く、楽しくディスカッションできるでしょう。
・時間があれば、自分で作った俳句を「俳句甲子園」で取り上げるという方法もあります。

●参考文献
「松山俳句甲子園公式サイト」http://www.haikukoushien.com/（この中に映像がある）
伊藤園「お～いお茶 新俳句大賞」http://www.itoen.co.jp/new-haiku/index.html（各年度の受賞作品が掲載されている）

●アレンジ　詩×ディベート　絵画×ディベート

俳句「鑑賞」甲子園（ワークシート1）

クラス（　　）番号（　　）氏名（　　　　　　　　）

俳句「鑑賞」甲子園　作戦メモ

○自分たちの班が選んだ俳句

・選んだ俳句の良さ

・想定される質問とその答え

○相手の班が選んだ俳句

・突っ込みたい質問・ポイント

俳句「鑑賞」甲子園（ワークシート2）

クラス（　　　）番号（　　　）氏名（　　　　　　　　　）

【ルール・注意事項】

・二チームが紅白に分かれて対戦します。
・各対戦では代表者が俳句を読み上げ、それに対する質疑応答を三分以内で行います。
・対戦ごとにフロアー（観客）が判定し、投票の数で勝敗が決まります。
・評価の観点は【作品点：俳句そのものの良さ】と【鑑賞点：質疑応答の説得力】の合計点とします。
・一回の発言は三〇秒以内。また同じチームが連続して発言することは認められません。
・議論が白熱した場合、作品や個人への誹謗中傷にならないように気をつけましょう。

【試合の流れ】

それでは、試合を開始します。赤チーム（　　　　）班、白チーム（　　　　）班です。
まず、赤チームの代表の方、ご起立の上、二度俳句を読み上げてください。
続いて白チームの方、ご起立の上、二度俳句を読み上げてください。

それでは、赤チームの句に対して、白チームの方、質疑をお願いします。
質問のある方、挙手をどうぞ。
（三分たったら）「そこまで！」
※以下、白チームに対しても同じ展開で行う。

判定に参ります。得点の集計をお願いします。それでは、・・・・・・判定！！！
赤（　　　）人、白（　　　）人で、赤（または白）チームの勝利です！

選評を伺ってみましょう。
赤を選んだ（　　　）さん、いかがですか？　白を選んだ（　　　）さん、いかがでしたか？
（時間あれば、それぞれのチームを選んだ人に理由を聞く）

○評価メモ（各観点を10点満点で評価）

班	作品点	鑑賞点	合計
班			
班			
班			
班			
班			

4章 ひらめく

33 漢字×造字 創作漢字

この世に存在しないオリジナルの漢字を創作する活動です。漢字の成り立ちについて理解を深めるとともに、トメ、ハネ、ハライなど、漢字の筆画がどのように構成されているかに注目させることもできます。

準備するもの 教師:ワークシート　生徒:メモ用紙、黒マジックやサインペン

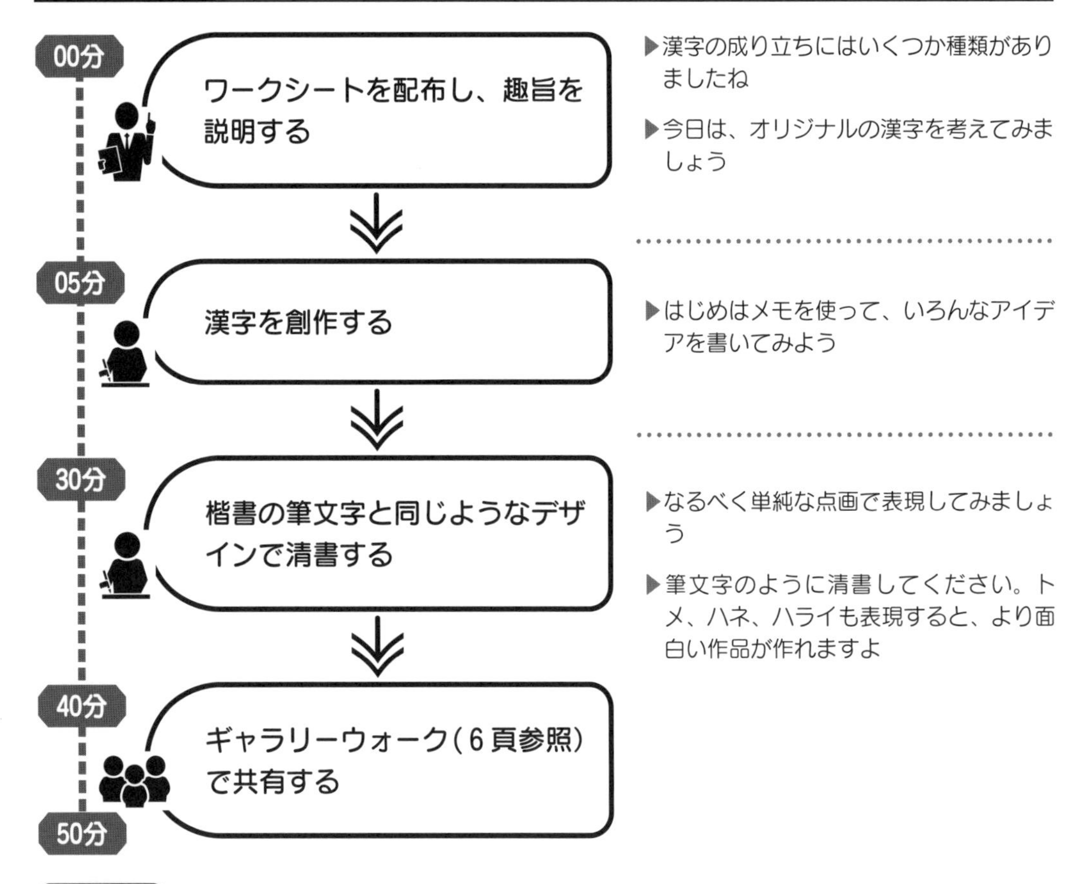

ポイント

・授業のはじめに「創作漢字コンテスト」のホームページから、創作漢字の例を示すと、生徒の意欲が高まります。クイズ形式の導入にしても楽しめます。
・漢字が成立した時代にはなかったものを象形文字であらわすとどうなるか、そのように考えていくと楽しめます。
・会意文字の作り方が理解できていると、創作の幅が広がります。

●参考文献・先行実践

「創作漢字コンテスト」産経新聞社・立命館大学白川静記念東洋文字文化研究所主催
http://www.sankeisquare.com

●アレンジ 部首×造字　仮名×造字

創作漢字

クラス（　　　）番号（　　　）氏名（　　　　　　　　　　）

【意味】

読書×キャッチコピー キャッチコピーを考えよう

キャッチコピーを考える活動です。短いフレーズで効果的に表現して伝えるために、言葉を選択する力を磨きます。

生徒が活動しやすいように、図書委員として読書推進活動のキャッチコピーを考える、という設定にしてあります。

準備するもの 教師:ワークシート　生徒:なし

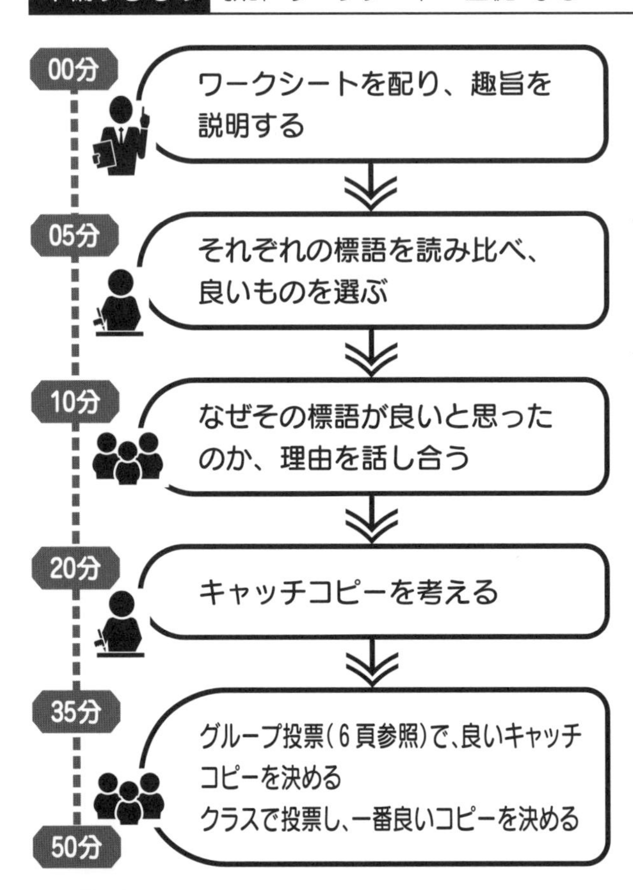

▶印象的なキャッチコピーは、人をひきつけますね

▶今日は図書委員になったつもりで、読書推進のためのコピーを考えてみましょう

▶自分が一番良いと思うものを選び、印をつけてください

▶選んだ標語が良い理由を、誰か説明できる人はいますか

▶人目を引きそうな言葉を考えてくださいね

▶グループで選ばれたコピーを黒板に書いてみました。一番良いと思ったものに手を挙げてください

ポイント

・ワークシートの例を読み比べ、時代による標語の傾向をつかむのも面白い学習です。
・このプランでは「標語」と「キャッチコピー」という用語を区別せずに使っています。「標語」は基準や理念を簡潔に表現した言葉や句、「キャッチコピー」は広告のために人目を引く印象的なフレーズ、というような違いがあります。ワークシートの例はすべて「標語」となっていますが、最近になるにつれてキャッチコピー的になっていると言えるでしょう。

●**参考文献・先行実践**
読書推進運動協議会ホームページ(http://www.dokusyo.or.jp)に、過去の読書週間の標語とポスターの一覧があります。

●**アレンジ** (小説)×(キャッチコピー)　(四字熟語)×(キャッチコピー)

キャッチコピーを考えよう

クラス（　　　）番号（　　　）氏名（　　　　　　　　　　　　　　）

ある日の図書委員会。全校生徒にもっと図書室を利用し、読書を楽しんでほしいとアピールするため、校内で「読書週間」の取り組みを行うことにしました。今日はそのための「標語（キャッチコピー）」をみんなで考えます。

読書推進運動協議会による「読書週間」標語の例

2016 年　第 70 回　いざ、読書。

2015 年　第 69 回　いつだって、読書日和

2014 年　第 68 回　めくる　めぐる　本の世界

2013 年　第 67 回　本を旅する　本と旅する

2012 年　第 66 回　ホントノキズナ

1999 年　第 53 回　あと 1 ページがとまらない…

1986 年　第 40 回　読書は永遠のニューメディア

1979 年　第 33 回　燃えよ人生！　本とのふれあい

1962 年　第 16 回　きょうの読書は　あすへの希望

1954 年　第 8 回　みんなで　本を　読みましょう

1947 年　第 1 回　楽しく読んで　明るく生きよう

読書推進運動協議会ホームページ（http://www.dokusyo.or.jp）より抜粋

ポスターに載せるキャッチコピーの案

35 品詞×名前当てクイズ 品詞がヒント

品詞の名称や特徴を学習した後に実践ができます。単調になりがちな文法の時間に、アクセントとして使ってみてください。クイズを出し合うことで、楽しみながら品詞の知識が身に付きます。

準備するもの 教師:ワークシート 生徒:なし

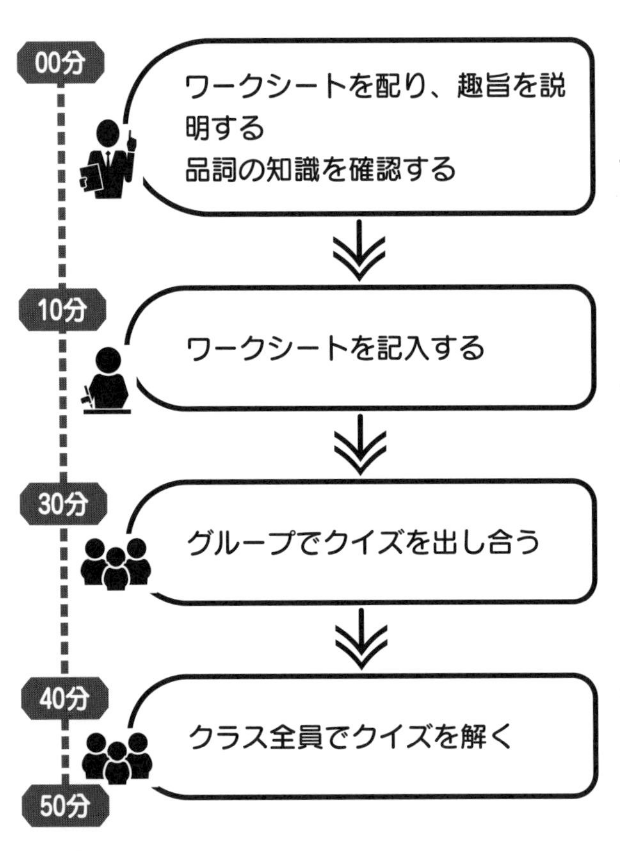

▶今日は、先日学習した品詞の知識を使って、クイズ大会をしてみましょう

▶品詞はすべて覚えていますか？

▶まずは、テーマとなる言葉を一つ決めて、品詞別に連想した言葉を書き込んでいってください

▶それぞれの品詞の欄には複数書いてもいいですよ

▶グループで順に解き合いましょう

▶出題者はプリントを見えないようにして持っていてください

▶他の人は「動詞でヒントをください」とか「副詞でヒントをください」というように、一つずつヒントをもらい、答えを探ってください

▶グループの中で、良かった人を教えてください

▶全員で解いてみましょう

ポイント

・テーマとなる言葉の例としては、駅、時計、雪、サンタクロース、など誰もが知っている一般的な名詞がよいでしょう。季語を用いるのも効果的です。
・うまくいけば第１ヒントで答えることもでき、生徒は盛り上がるでしょう。
・第１ヒントで正解すれば５点、第２ヒントで正解すると４点…のようにゲーム性を高めると、より面白くできます。

●参考文献・先行実践

広野昭甫『学習意欲を高める　ことば遊びの指導』（教育出版、1982年）

●アレンジ 文学史×名前当てクイズ　小説×名前当てクイズ

品詞がヒント

クラス（　　　）番号（　　　）氏名（　　　　　　　　　）

【うさぎ】

名詞	動詞	形容詞	形容動詞	副詞
耳 目	はねる おびえる	長い 赤い おとなしい 弱い 白い	敏感だ おくびょうだ	ぴょんぴょん きょろきょろ

【　　　　　　】

名詞	動詞	形容詞	形容動詞	副詞

【　　　　　　】

名詞	動詞	形容詞	形容動詞	副詞

語釈×辞書づくり
天使の辞典・悪魔の辞典

言葉を複数の立場から考えて、定義し直します。中学生が楽しみながら活動できるように、「天使」や「悪魔」になったつもりで、という条件を加えました。この活動は、言葉の意味についてよく考える姿勢を身に付ける足掛かりになります。

準備するもの 教師:ワークシート　生徒:国語辞書

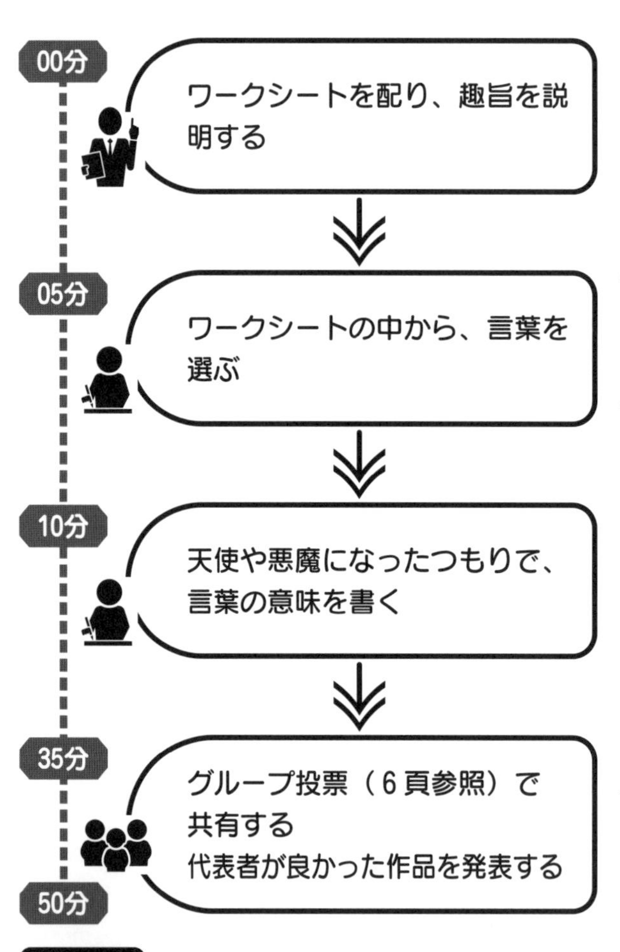

▶言葉の意味に、絶対正しいというものはありません。辞書に載っている言葉の意味も、辞書を作る人が、その辞書のために書いたものです

▶さて、もし悪魔が辞書を作るとしたら、どういう辞書になるでしょうか

▶まずは、定義し直す言葉を選んでください

▶「天使ならどのように定義するか」「悪魔ならどのように定義するか」という二つの種類の定義をしてください

▶「天使」の方には、人を疑うことを知らない清い存在が定義したものを、「悪魔」の方には、一切人を信じない存在が考えそうな皮肉なものを書きましょう

▶一つできたら、違う言葉についても試してみてください

▶グループで読み合い、イチオシ作品を発表してください

ポイント

・本物の辞書の意味や、記述の仕方（文体）を参考にするよう促してください。
・慣れてきたら、生徒が自分でテーマを設定してもよいでしょう。

●参考文献・先行実践

アンブローズ・ビアス『新編　悪魔の辞典』（岩波文庫、1997年）
別役実『当世悪魔の辞典』（王国社、1991年）

●アレンジ 外来語×辞書づくり　漢字×辞書づくり

天使の辞典・悪魔の辞典

クラス（　　　）番号（　　　）氏名（　　　　　　　　　　）

書き方例（「悪魔の辞典」の場合）

安心　　隣人が不安を覚えているさまを眺めることから生ずる心の状態。

日（ひ）　その大部分は浪費に終わるのが常である二十四時間からなる一期間。

出典：アンブローズ・ビアス『新編　悪魔の辞典』（岩波文庫、一九九七年）

テーマ例【学校　友人　夢　お金　ラーメン　魚釣り　青空】

選んだテーマ【　　　　　　　　　　】

天使の辞典

悪魔の辞典

選んだテーマ【　　　　　　　　　　】

天使の辞典

悪魔の辞典

37 できごと×漢字一字 今年の漢字

漢字一字で今年のできごとを表現する取り組みです。

クラスで起こったできごとをふりかえりながら、漢字の持つ意味について理解を深めていきます。

準備するもの	教師：ワークシート　生徒：国語辞書（または漢和辞典）

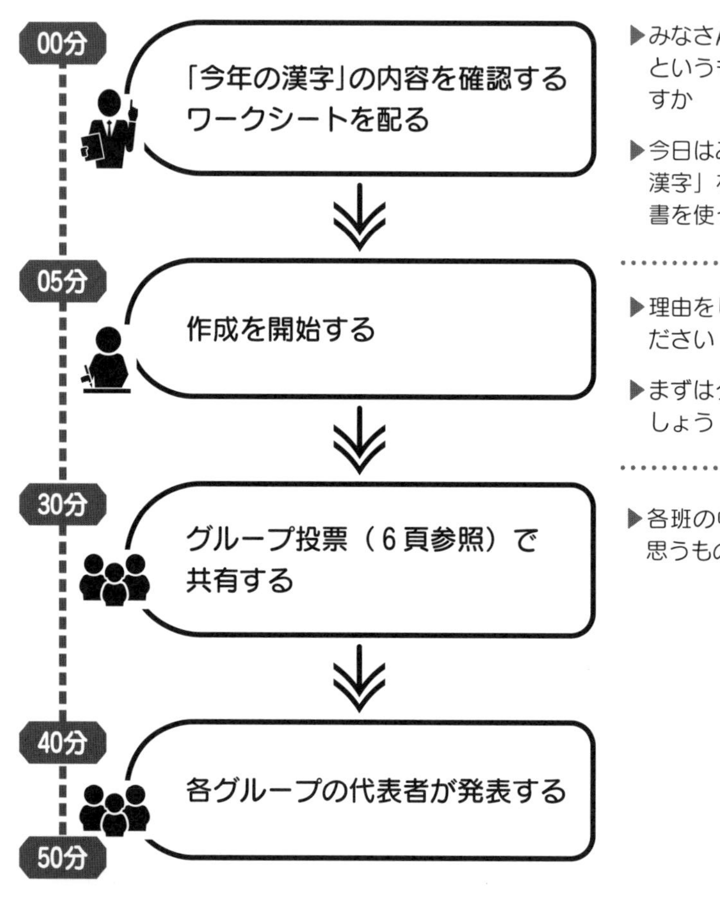

▶みなさんは、毎年年末に「今年の漢字」というものが発表されるのを知っていますか

▶今日はみなさんで「このクラスの今年の漢字」を考え、発表してみましょう。辞書を使っても構いません

▶理由をしっかり述べられるようにしてください

▶まずはクラスでの出来事を挙げていきましょう

▶各班の中で発表し合って、「これだ」と思うものをひとつ選んでください

ポイント

・「理由」が書きにくい生徒のために「なぜなら…」などの書き出しを示しておくのも有効な支援です。

・時事問題をとりあげて、「世界にとっての今年の漢字」という活動にすることもできます。その漢字を選んだ理由を説明させることで、時事問題への関心を高めます。

●参考文献・先行実践

稲葉嘉徳監修『ポケットいっぱいの宝物3　先生方へ埼玉発のプレゼント』（世界通信、2014年）
公益財団法人　日本漢字能力検定協会　http://www.kanken.or.jp/

●アレンジ　文学作品×漢字一字　絵画×漢字一字

今年の漢字

クラス（　　　）　番号（　　　）　氏名（　　　　　　　　　　　）

私の「今年の漢字」は、

です！

出来事

理由

38 詩×なぞなぞ なぞなぞ詩

詩の形式をとったなぞなぞを作成し、グループで出し合います。よくできたなぞなぞをクラスで共有すると、盛り上がるでしょう。
誰もが知っている単語を答えにしながら、いかに読者をミスリードさせるかがカギとなります。面白いなぞなぞを作るためには、多義語を上手に用いなければなりません。

準備するもの 教師：参考作品のプリント、罫線ワークシート（120頁） 生徒：なし

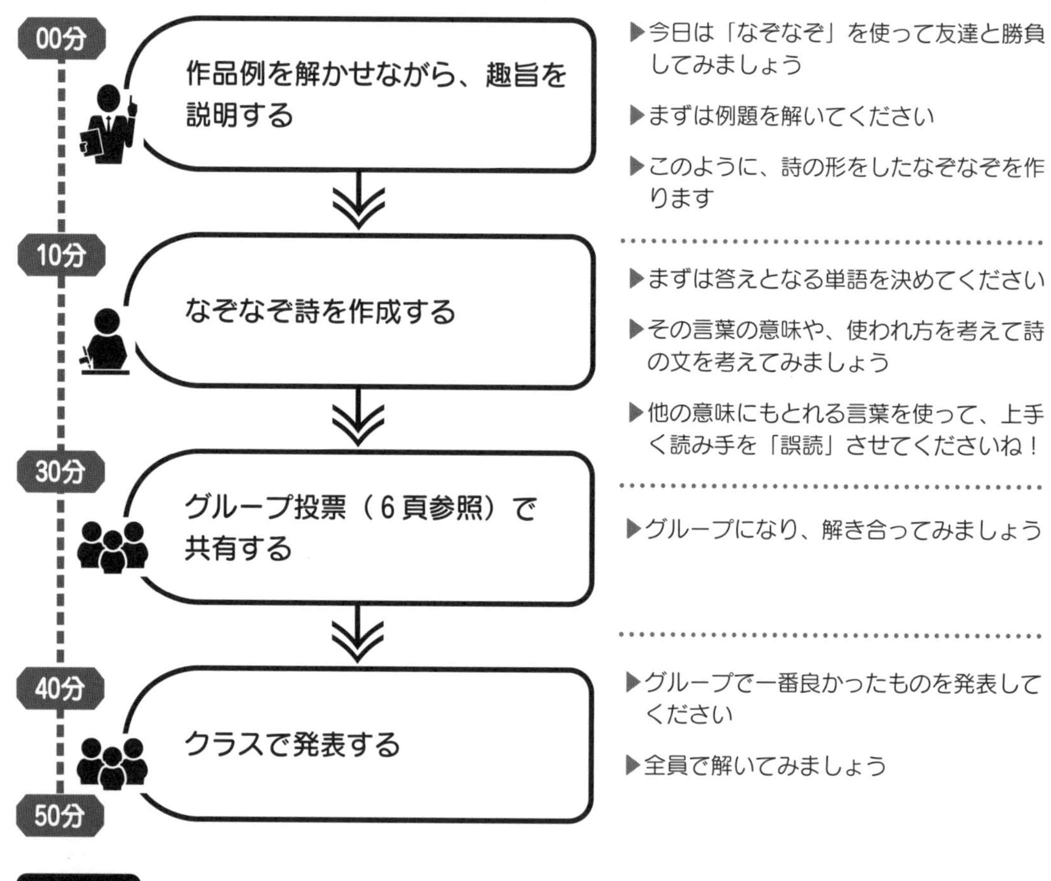

ポイント

・作品例の答えは、1「タマネギ」、2「鏡（鏡の中の映像）」、3「クレヨン」です。
・答えが複数になってしまわないように、詩のなかで言葉を工夫させてください。それでいて、簡単には気づかれないような言葉を選択するのがコツです。

●参考文献・先行実践
『なぞなぞの本』（福音館書店、1982年）
広野昭甫『語彙を豊かにする　続・ことば遊びの指導』（教育出版、1989年）
●アレンジ （漢字）×（なぞなぞ） （小説）×（なぞなぞ）

なぞなぞ詩　参考作品

詩1

シャツのうえに　シャツをきて
そのうえに　また　シャツをきて
そのまたうえに　シャツをきて
またまたうえに　シャツをきた
だいどころの　さむがりぼうず
まないたにのると　おおいばり
だれでも　かれでも　なかされる

詩2

かれは　あなたのポートレート
どこからどこまで　にている
あなたが　わらうと
かれも　わらう
あなたが　跳べば
かれも　跳ぶ
あなたが　なけば
いっしょになきだす

詩3

まっしろい　はらっぱを
あおいこびとが　むちゅうで　はしると
うみに　なり
あかいこびとが　おいかけて
ちいさいボートを　うかべると
きいろいこびとが　やってきて
バナナを　どっさり　ボートにのせた
むらさきや　ももいろのこびとは　とびまわり
さかなが　たくさん　およぎだす
みどりのこびとは　ゆっくりと
みどりのしまを　つくりだす
しごと　おわったこびとたち
ベッドに　きちんと　ならんで
ひとねむり

『なぞなぞの本』（福音館書店）より

漫画 × コラージュ

39 組み合わせストーリー

場面の異なる漫画のコマにそれぞれ台詞を書き入れて、一続きの作品に仕上げる取り組みです。絵柄自体は変えられないので、いかに台詞を工夫して話を作るかがポイントになります。作業を通して、一定の条件下での構成力、表現力を養います。

準備するもの 教師:漫画のコマ、白い紙(Ｂ４またはＡ３) 生徒:筆記用具、はさみ、のり

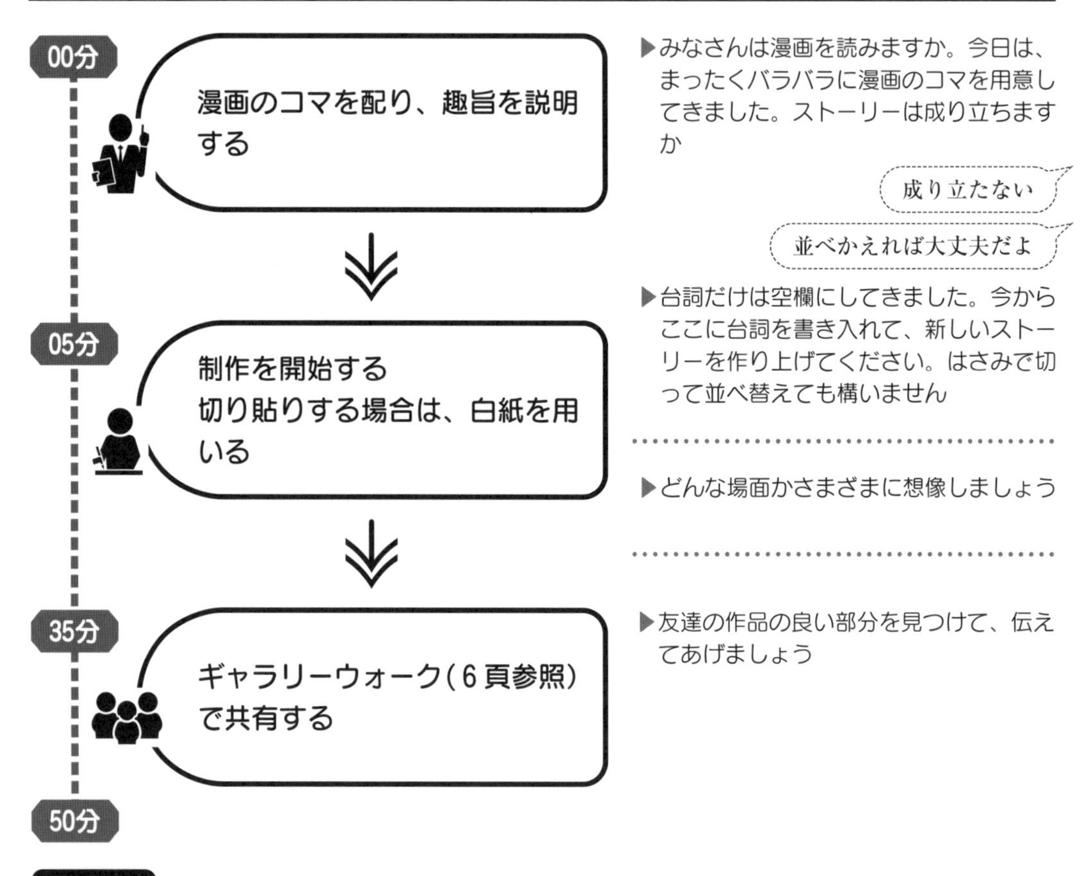

▶みなさんは漫画を読みますか。今日は、まったくバラバラに漫画のコマを用意してきました。ストーリーは成り立ちますか

成り立たない

並べかえれば大丈夫だよ

▶台詞だけは空欄にしてきました。今からここに台詞を書き入れて、新しいストーリーを作り上げてください。はさみで切って並べ替えても構いません

▶どんな場面かさまざまに想像しましょう

▶友達の作品の良い部分を見つけて、伝えてあげましょう

ポイント

- 実物投影機があれば拡大して全員が見えるように示す、優秀作品を次時に印刷して配る、などのフィードバックも有効です。
- 最初はコマ数を少なくして始めるとスムーズに活動に入れます。慣れてきたらコマを増やしてくと、より内容の豊かな作品ができてきます。
- 同じ作品からコマを用意してもよいですが、異なる漫画作品を混ぜて行っても、学習活動が活発になります。

●参考文献
佐藤漫画製作所(マンガ on ウェブ)http://mangaonweb.com/

●アレンジ 漢字×コラージュ 詩×コラージュ

組み合わせストーリー

クラス（　　　）　番号（　　　）　氏名（　　　　　　　　　　　　　）

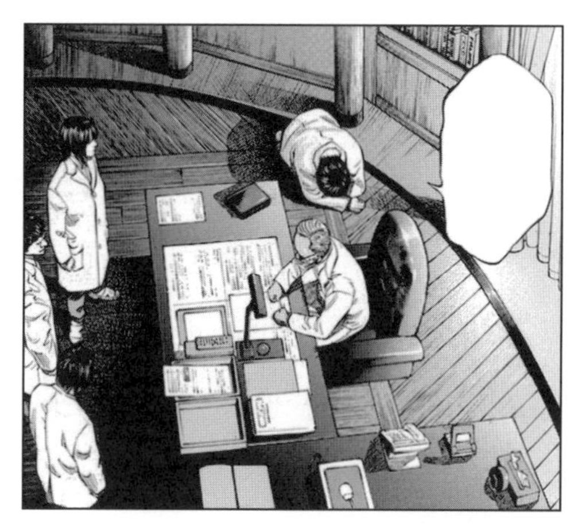

虚構（ウソ）×新聞

40 「虚構新聞」を作ろう

実際にありそうで実は存在しないネタを「虚構新聞」のニュースとして書く取り組みを通して、新聞などの報道文の文体に馴染む学習にしていきます。

準備するもの 教師：虚構新聞の例（ウェブを参照する）、ワークシート　生徒：なし

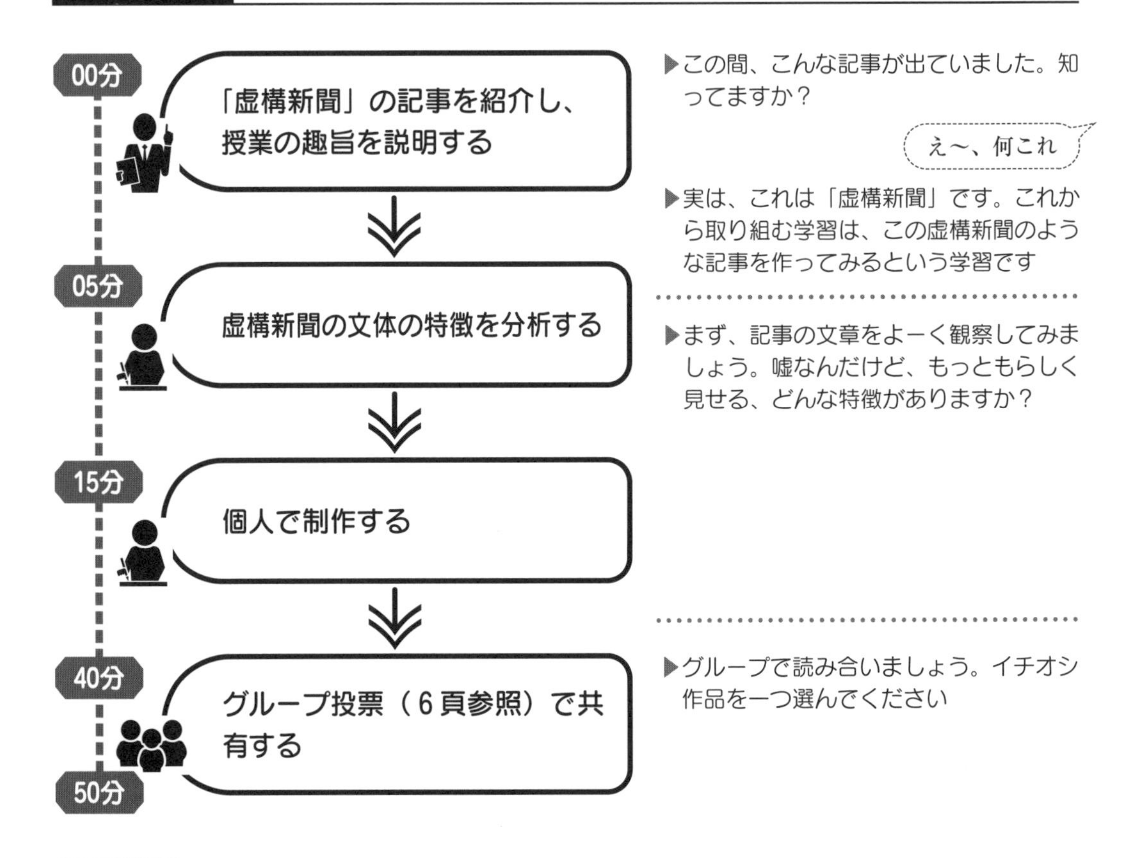

ポイント

・授業のはじめに「虚構新聞」のウェブサイトから、いくつか記事を紹介してください。
・虚構新聞の文体の特徴として、次のようなものが挙げられます。
　・現実のニュースから、ありそうだけどありえないことを記事にしている。
　・新聞（報道文）の文体で客観性を装って書いている。
　・逆三角形の文体（リード→詳細）
　・相手を納得させる「仕掛け」が随所に見られる。
　例）インタビュー記事や学者などの有識者のコメント、具体的な数字（データ）
・「修学旅行虚構新聞」などの共通の話題で記事を書くと、さらに取り組みやすくなります。
・虚構新聞の隠れたメッセージ（風刺）などを読み取らせると、さらに高度な学習になります。

●**参考文献・先行実践**
「虚構新聞」http://kyoko-np.net/

●**アレンジ**　古文×新聞　登場人物×新聞

「虚構新聞」を作ろう

クラス（　　　）番号（　　　）氏名（　　　　　　　　　　）

〈記事の内容例〉

A　時事的なニュースから
B　童話、おとぎ話のパロディー（桃太郎、かぐや姫、浦島太郎、大きなかぶ etc.）
C　季節の話題のパロディー（鮎釣り解禁、渡り鳥の飛来、野菜の収穫、桜の開花 etc.）
D　架空の競技（架空の陸上競技、格闘技、コンクール、ギネス記録 etc.）

①虚構記事の構想（５Ｗ１Ｈで考えよう）

When（いつ）：
Where（どこで）：
Who（誰が）：
What（何を）：
Why（なぜ）：
How（どのように）：

②虚構新聞の記事

見出し

イラスト

タイトル

クラス（　　）番号（　　）　氏名（　　　　　　　　　　　　　　）

〈コメント〉

5章 かく

同音異義語 × 選択式クイズ
同音異義語組み合わせクイズ

同音異義語の漢字を複数使用した文章を書き、クイズを作るという活動です。それぞれの言葉を適切に使い分けできるようにトレーニングします。

準備するもの 教師:ワークシート　生徒:国語便覧(または同音異義語のリスト)、国語辞書

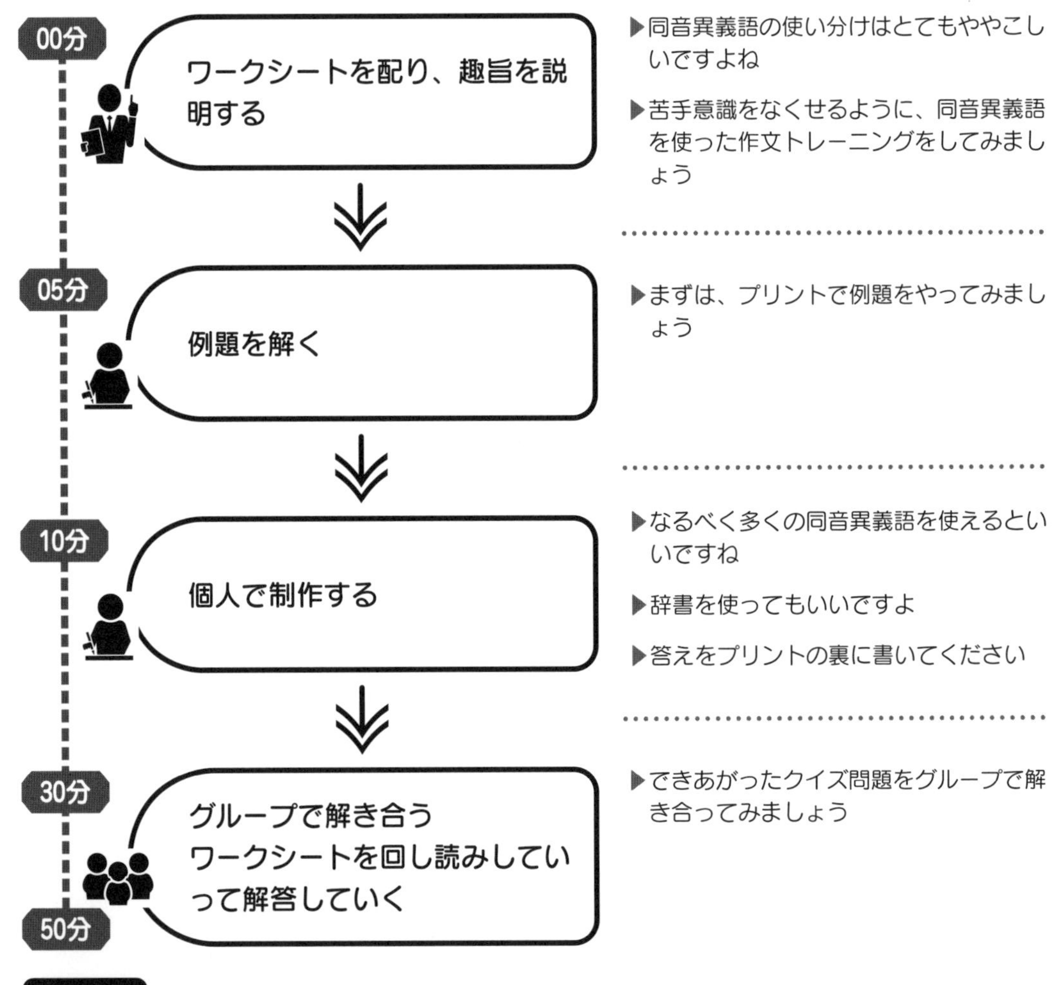

▶同音異義語の使い分けはとてもややこしいですよね

▶苦手意識をなくせるように、同音異義語を使った作文トレーニングをしてみましょう

▶まずは、プリントで例題をやってみましょう

▶なるべく多くの同音異義語を使えるといいですね

▶辞書を使ってもいいですよ

▶答えをプリントの裏に書いてください

▶できあがったクイズ問題をグループで解き合ってみましょう

ポイント

・熟語での同音異義語にすると、問題の難易度が上がります。
・例文がまちがっている場合があるので、心配な生徒には教師がチェックしてあげるとよいでしょう。類語辞典やコーパスの例文も参考になります。

●参考文献・先行実践
「少納言」現代日本語書き言葉均衡コーパス　http://www.kotonoha.gr.jp/shonagon

●アレンジ　ことわざ×選択式クイズ　オノマトペ×選択式クイズ

同音異義語組み合わせクイズ

クラス（　　　）　番号（　　　）　氏名（　　　　　　　　　　　）

例題

【のぼる】の同音異義語

山（①のぼり）をするために朝早くの電車で現地集合することになったさとしくん。寝坊してしまい、始発の（②のぼり）列車に間に合わない！と大急ぎでホームまでエレベーターで（③のぼって）いったらすってんころりん。足をねんざしてしまったのでした。

選択肢　ア 昇　イ 上　ウ 登

同音異義語クイズを作ってみよう

【　　　　　　　　】の同音異義語

選択肢
ア
イ
ウ
エ

※答えは裏へ

42 外来語×日記 イヤミな日記

外来語を駆使した「イヤミな日記」を書いてみることで、外来語を文脈に即して使いこなすことができるように練習します。

準備するもの 教師:ワークシート、評論でよく出てくる外来語リスト　生徒:国語辞典

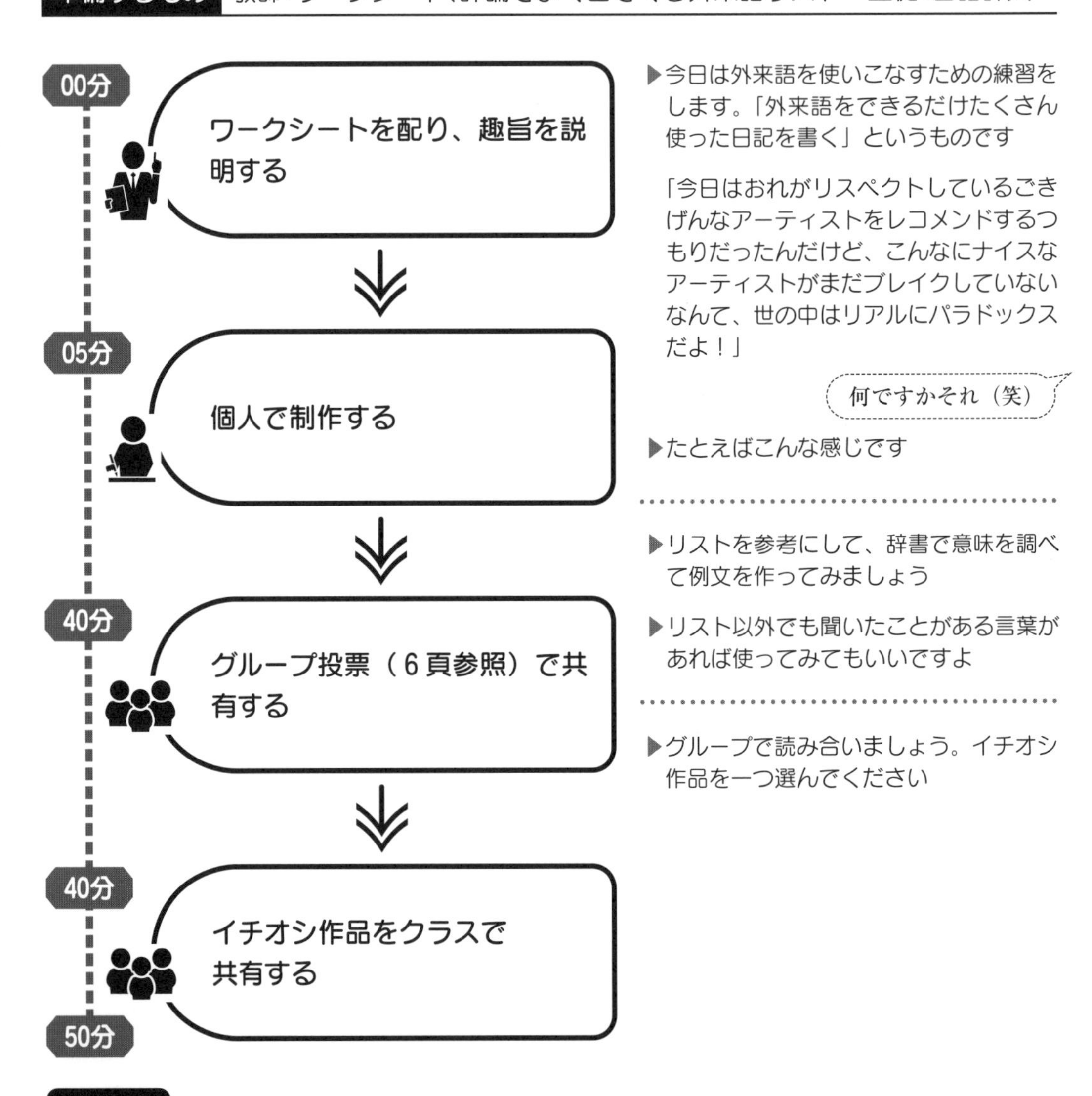

ポイント

・外来語の部分を穴埋めクイズにしたり、外来語を使うバージョンと使わないバージョンの両方を作って理解を確かめるという方法もあります。

●アレンジ　小説×日記　古文×日記

イヤミな日記

クラス（　　　）番号（　　　）氏名（　　　　　　　　　　）

【外来語の例】

1. アクセス …… 接続
2. アプローチ …… 接近
3. エゴイスト …… 自己中心的な人
4. オリジナリティー …… 独創性
5. パラドックス …… 逆説、矛盾
6. リアリティー …… 本当らしさ
7. コミット …… かかわる
8. イデオロギー …… 主義
9. メタファー …… 暗喩（比喩）
10. クオリティー …… 品質
11. コンディション …… 状態
12. インプット⟷アウトプット …… 情報収集⟷情報発信
13. リテラシー …… 読み書き能力、活用能力
14. オーソドックス …… 正統的
15. グローバル …… 地球規模な
16. プロセス …… 過程
17. カテゴリー …… 範疇、くくり
18. セオリー …… 理論
19. ミッション …… 使命
20. カルチャー …… 文化
21. リスク …… 危険性
22. ロジック …… 論理
23. キャリア …… 進路
24. スキル …… 技術
25. パイオニア …… 先駆者

イヤミな日記

43 部首×物語 部首ばなし

同じ部首をもつ漢字をできるだけ多く使って、一つのストーリーを作るという活動です。部首についての理解を深めながら、語彙力を高めます。

準備するもの 教師:ワークシート　生徒:なし(漢和辞典があるとよい)

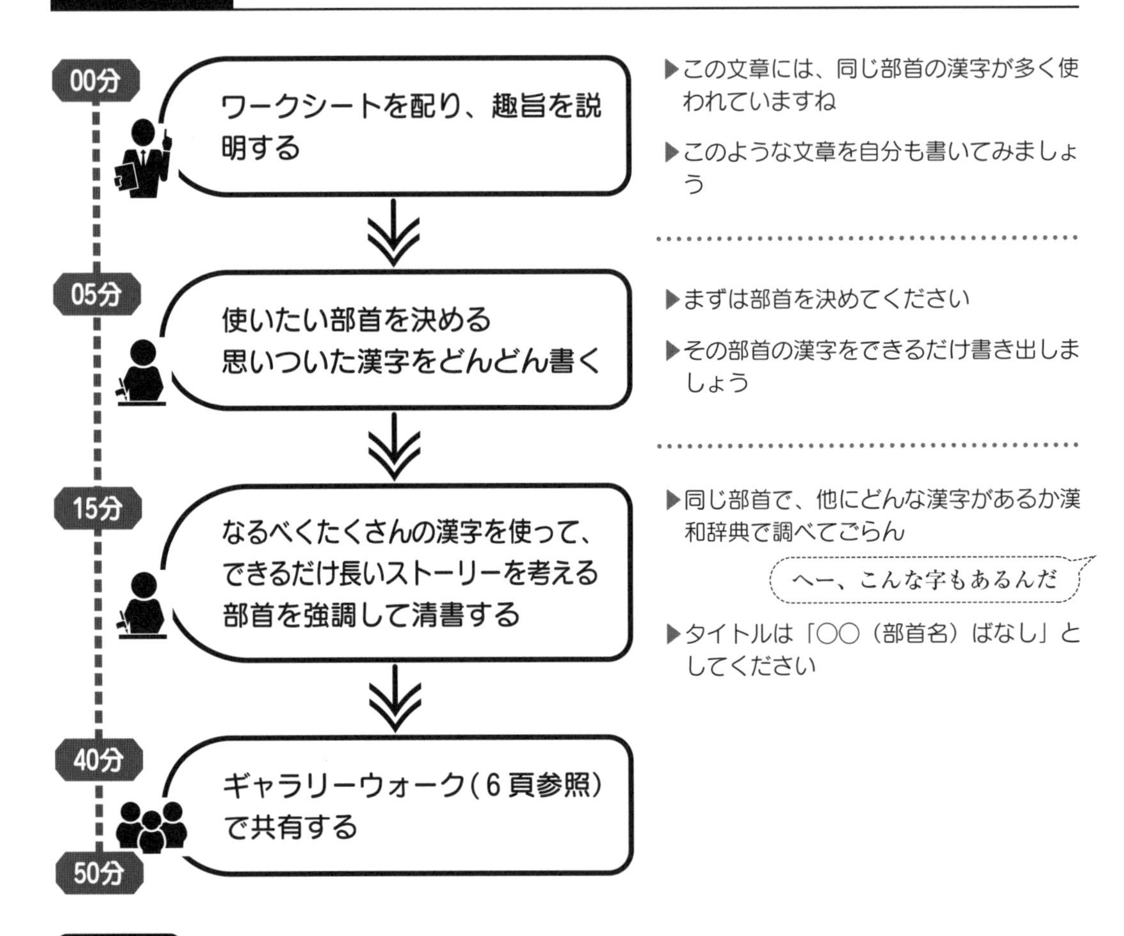

ポイント

・授業の初めに、ミニゲームをすると生徒の創作意欲が高まります。
ミニゲームの例としては、グループ対抗で同じ部首の漢字をできるだけ挙げていくゲームや、順に部首名を答えていくゲームなどがあります。
・作品集づくり(6頁参照)でのフィードバックも効果的です。

●参考文献・先行実践

向井吉人『できる!つかえる!ことば遊びコレクション』(太郎次郎社エディタス、2016年)
川崎洋「しんにゅうばなし」『イメージの冒険3・文字』(河出書房新社、1978年)

●アレンジ 漢字×物語　ことわざ×物語

部首ばなし

クラス（　　　）　番号（　　　）　氏名（　　　　　　　　　）

作品例

⻌（しんにゅう）ばなし　川崎　洋

過ちおかした**遊**びにん
追われて**逃**げて**辻**にでた
どの**道選**ぼうか**迷**ったが
連ちゅうやいやいと**迫**りくる
進退きわまり
運をてんにまかせて
遂に**迎**えうったが
迂かつにも**辷**ってころび
遂につかまったとき

使いたい部首

その部首の漢字

44 学校行事×比喩 素敵な比喩

比喩を用いた文章を書いてみるという取り組みです。生徒が書きやすくなるよう、広報委員として保護者向けに体育祭の記事を書く、という設定を用意しました。

効果的な比喩を考えることで、読者を想定した、より伝わる文章を書く習慣を養います。

準備するもの 教師:ワークシート　生徒:筆記用具

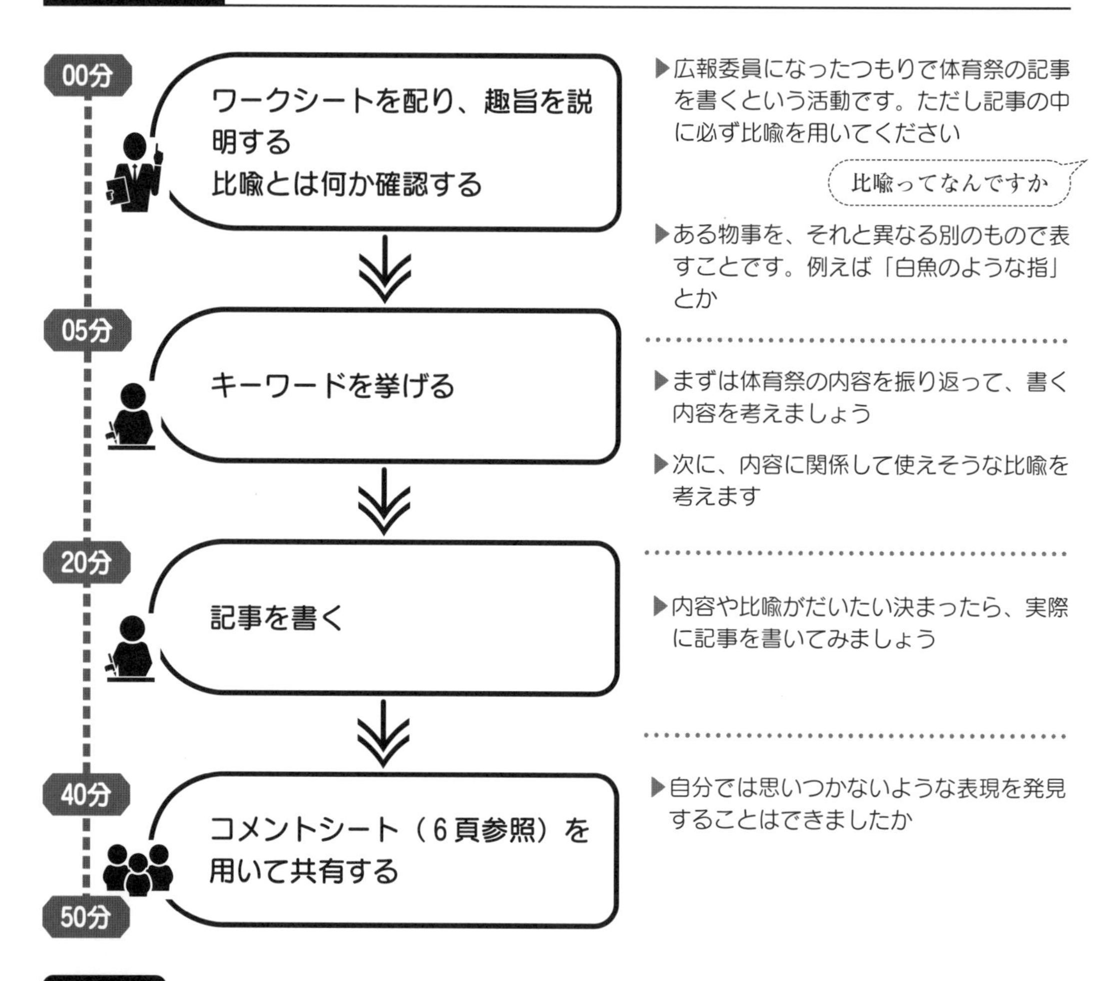

▶広報委員になったつもりで体育祭の記事を書くという活動です。ただし記事の中に必ず比喩を用いてください

比喩ってなんですか

▶ある物事を、それと異なる別のもので表すことです。例えば「白魚のような指」とか

▶まずは体育祭の内容を振り返って、書く内容を考えましょう

▶次に、内容に関係して使えそうな比喩を考えます

▶内容や比喩がだいたい決まったら、実際に記事を書いてみましょう

▶自分では思いつかないような表現を発見することはできましたか

ポイント

・作文の苦手な生徒には、「〜のようだ」を使って文を書くよう促し、得意な生徒には隠喩に挑戦させるとよいでしょう。
・クラス状況によっては、比喩の巧みな作家を紹介してから始めると、より積極的な授業参加が望めます。

●アレンジ　漫画×比喩　短歌×比喩

素敵な比喩

クラス（　　　）番号（　　　）氏名（　　　　　　　　　　　）

キーワード、比喩のアイデア

記事

45 古文×列挙 これって私だけ？

「うつくしきもの　瓜にかきたるちごの顔」のように、ある条件に当てはまる言葉を挙げていきます。一定の条件に当てはまる語句をできるだけ多く見つけ出し、それを仲間と共有することで、自分とクラスメイトとの価値観の違いを発見して楽しむ活動です。

準備するもの　教師：ワークシート　生徒：なし

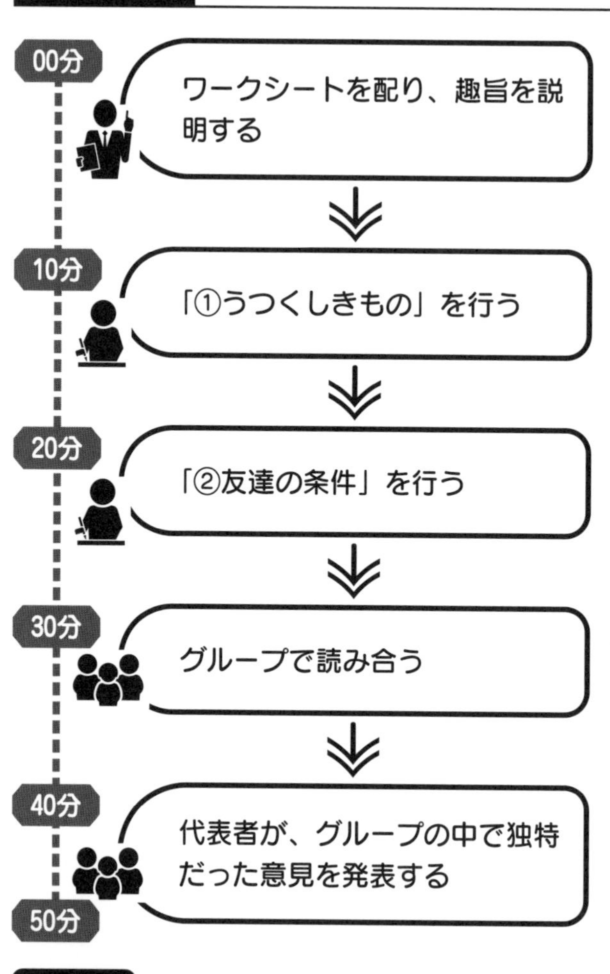

▶『枕草子』や『徒然草』には、さまざまな条件に当てはまるものを挙げた章段があります

▶こんな感じです。読んでみましょう

▶共感できるもの、理解できないものはありますか？

▶自分にとっての「うつくしきもの」を考えてみましょう

▶では次は自分にとっての「友達の条件」です。どんな人なら、友達と言えるかな

▶誰に共感されなくても構いません。自分にとってこうだ！と思うものを書くようにしましょう

▶自分一人しか書いていないものを発表し合いましょう

▶言われてみればなるほど、と思うものはありましたか

ポイント

・個性的な意見を変だととらえるのではなく、価値観が違って面白いという雰囲気にもっていくのが大切です。
・作品集づくり（6頁参照）によるフィードバックも効果的です。

●参考文献・先行実践
『新編　日本古典文学全集18　枕草子』（小学館、1997年）
『新編　日本古典文学全集44　方丈記　徒然草　正法眼蔵随聞記　歎異抄』（小学館、1995年）

●アレンジ　漢字×列挙　小説×列挙

これって私だけ？

クラス（　　　）番号（　　　）氏名（　　　　　　　　）

うつくしきもの　瓜にかきたるちごの顔。雀の子の、ねず鳴きするにをどり来る。二つ三つばかりなるちごの、いそぎて這ひ来る道に、いと小さき塵のありけるを、目ざとに見つけて、いとをかしげなる指にとらへて、大人ごとに見せたる、いとうつくし。頭はあまそぎなるちごの、目に髪のおほへるを、かきはやらで、うちかたぶきて物など見たるも、うつくし。

かわいらしいもの　瓜に描いてある幼児の顔。雀の子が鼠鳴きをして呼ぶと、おどるようにして来るの。二歳か三歳ぐらいの幼児が、急いで這ってくる道に、とても小さいごみのあったのを、目ざとく見つけて、とても愛らしげな指につかまえて、大人たちに見せているのは、とてもかわいらしい。髪は尼そぎにそいである幼女が、目に髪がかぶさっているのを、かきのけることはしないで、顔を傾けて物など見ているのも、とてもかわいらしい。

（『枕草子』第一四五段）

友とするにわろき者、七つあり。一つには、高くやんごとなき人。二つには、若き人。三つには、病なく身強き人。四つには、酒を好む人。五つには、猛く勇める兵。六つには、虚言する人。七つには、欲深き人。

よき友三つあり。一つには、物くるる友。二つには、医師。三つには、智慧ある友。

友達とするのにわるい者が七つある。第一には身分高く尊い人。第二には若い人。第三には無病で身体の強い人。第四には酒好きの人。第五には勇猛な武士。第六には嘘をつく人。第七には欲の深い人。

よい友に三つある。第一には物をくれる友。第二には医師。第三には知恵のある友。

（『徒然草』第一一七段）

①かわいらしいもの

②友達の条件

46 古文×私訳 私訳「竹取物語」

「竹取物語」を学習した後に行う、人とは違った口語訳を作る実践です。様々な作家による口語訳を比較し、作者の工夫を読み解かせます。

文体や言葉の選択によって、同じストーリーでも伝わり方や印象ががらりと変わってしまうことに気付かせることがねらいです。

準備するもの 教師:参考資料(右ページ)、罫線ワークシート(120頁) 生徒:教科書、国語便覧

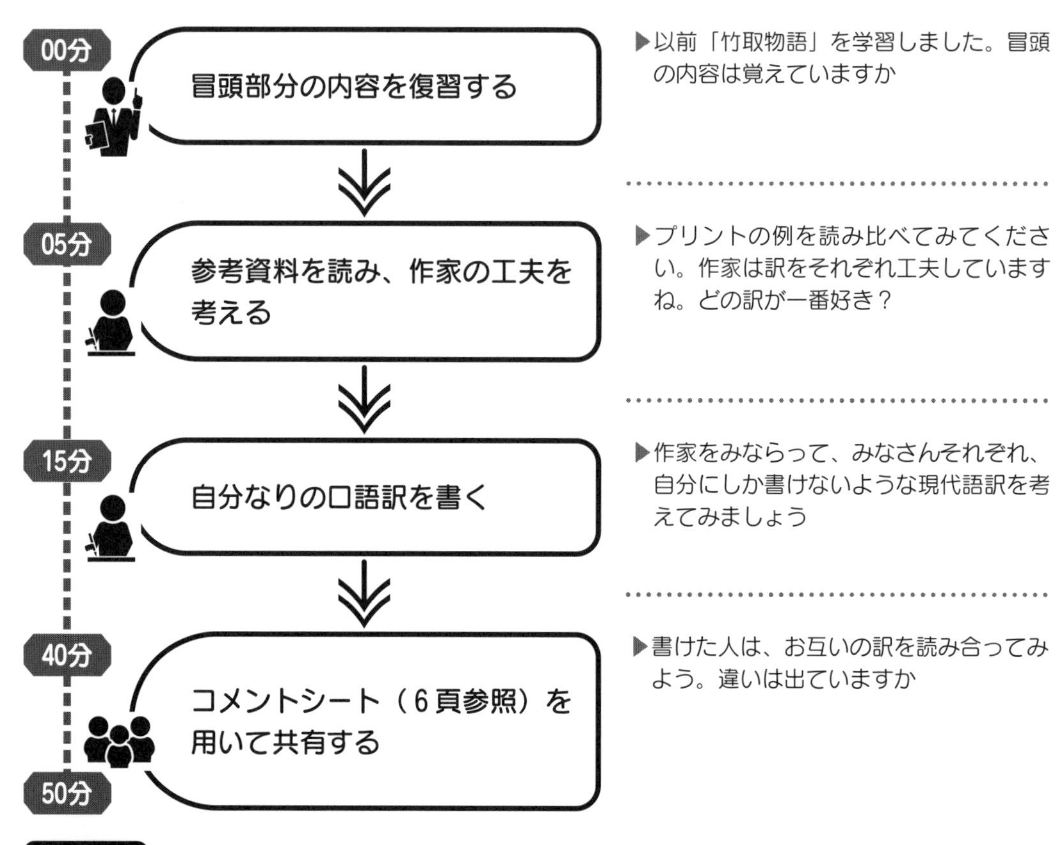

ポイント

- 原文のどこまでを訳すか、教科書や便覧をもとに生徒に提示してください。参考資料は「いとうつくしうてゐたり」までを挙げています。
- オリジナルストーリーを作りたがる子どもも出てくるかもしれません。あくまで内容は変えずに、文体や使う言葉だけで違いを出すよう促してください。
- 内容は変えずに設定だけを変える(現代に置き換えるなど)ようにすると、パロディーを作る実践になります。
- 作品集づくり(6頁参照)でのフィードバックも効果的です。

●アレンジ 漢詩×私訳 できごと×私訳

私訳「竹取物語」　参考資料　作家の現代語訳比較

田辺聖子による訳　（岩波現代文庫「現代語訳　竹取物語　伊勢物語」）

いまとなっては、もうはるかな遠い昔の話だ。

竹取の翁という人があったとさ。

野山にわけ入り、竹を取ってはいろいろな細工をしていた。名を、さぬきの造といったもんだ。

ある日のこと、いつものように翁が竹をとっていると、根本の光る竹が一本あった。こりゃ何だろうとふしぎに思って近寄ってみると、竹の筒の中が光っている。竹を切ってみると、なんとその中に三寸（約一〇センチ）ほどの小さい女の子がいるじゃないか。そのかわいらしいことといったら。

川端康成による訳　（新潮文庫「現代語訳　竹取物語」）

昔、竹取の翁という人があった。野山に入って竹をとっては、それで籠などを作り、生計にあてていた。名を讃岐造麻呂と云った。或る日、そうして竹を取っていると、その中に一本、幹の光る竹があった。不思議に思って近寄ってみると、その筒の中が光っている。更によく見ると、その中に三寸ほどの小さな人が可愛らしく入っていた。

江國香織による訳　（新潮社「竹取物語」）

かつて、竹取の翁と呼ばれている男がいました。野や山に分け入っては竹を取ってきて、様々に細工をして生計をたてていました。名は、さかきの造といいます。ある日彼は、根元から光を放っている竹を一本、見つけました。いったい何だ、と思って近づいてみると、筒の内側が光っているのでした。切ってみました。すると、十センチにも満たない小さな人が、じつにかわいらしい様子で光のなかにすわっているのでした。

星新一による訳　（角川文庫「竹取物語」）

むかし、竹取りじいさんと呼ばれる人がいた。名はミヤツコ。時には、讃岐の造麻呂と、もっともらしく名乗ったりする。

野や山に出かけて、竹を取ってきて、さまざまな品を作る。

笠、竿、笊、籠、筆、箱、筒、箸。

筒は料理用。そのほか、すだれ、ふるい、かんざし、どれも竹カンムリの字だ。

自分でも作り、職人たちに売ることもある。竹については、くわしいのだ。

ある日、竹の林のなかで、一本の光るのをみつけた。ふしぎなことだと、そばへ寄ってよく見ると、竹の節のなかに明るいものがあるらしい。

その部分を、ていねいに割ってみる。手なれた仕事だ。なかには、手のひらに乗るような小さな女の子が、すわっていた。まことに、かわいらしい。

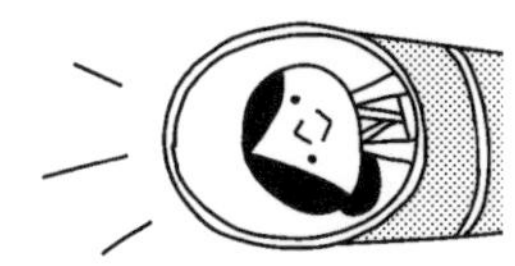

47 短歌×歌物語 なりきり歌物語

授業で学習した短歌について、その作者になりきって一人称の物語を書く、という実践です。作者がどのような気持ちで歌を詠んだのか、背景にはどのようなエピソードがあったのか、歌に関する想像をふくらませる力を養います。 【生徒作品例124頁参照】

準備するもの 教師:書き方例のプリント、罫線ワークシート　生徒:教科書、国語便覧

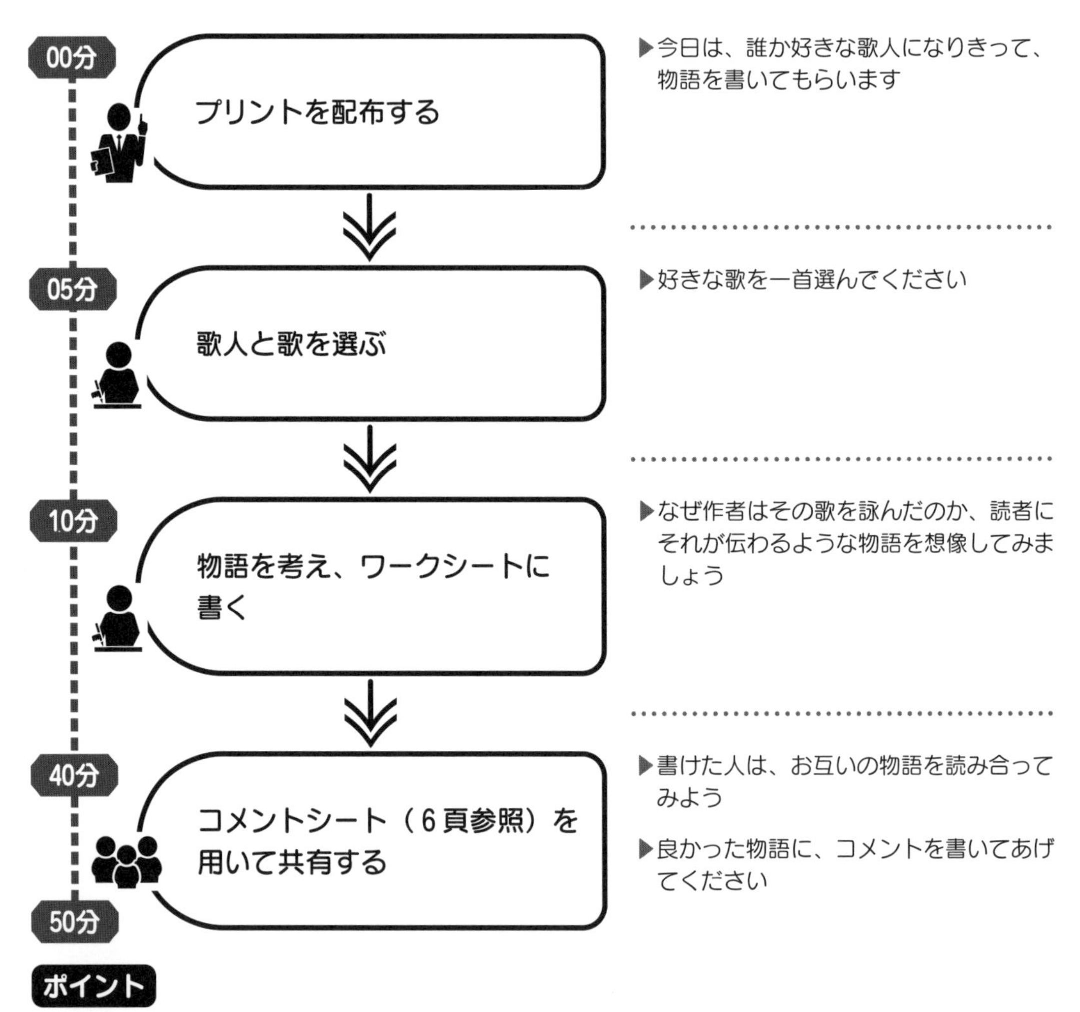

ポイント

- 授業で学習した通りの内容でなくてもよい、とすると生徒の創作意欲は高まります。その場合、選んだ短歌に最終的につながることを条件とします。
- 作品集づくり（6頁参照）でのフィードバックも効果的です。

●アレンジ　俳句×歌物語　詩×歌物語

なりきり歌物語　書き方例

自分の好きな短歌を選び、作者がどんな気持ちでその歌を詠んだか、想像してみよう。

◇書き方

①短歌一首を選ぶ。
②授業で勉強した内容をふり返る。
③国語便覧を開き、その短歌・作者のことをより詳しく知る。
④その歌の詠まれた背景を想像し、自分で付け足していく。

ヒント　間違ってるかも、なんて気にしないで。歌から読み取れたイメージを、言葉にしていこう。

◇生徒作品例

サラダ記念日

夫のドアを開けた音とともに私は起きた。私はすぐにリビングに行き「なにか食べる」と聞いた。「サラダが食べたい」と言われ、冷蔵庫のあまり物でサラダを作った。それを出すと「この味いいね」と言われ、冷蔵庫のあまり物で作ったと言うと笑われた。

「この味がいいね」と君が言ったから七月六日はサラダ記念日　（俵万智）

十五の心

今日は、晴れて空気も良くて天気だけは最高だ。期末テストが昨日で終わり、家ですることもなく、ゲームをしたりスポーツをしたりするような友達もいない。だから、近くの城の草で寝ている。

不来方のお城の草に寝転びて
空に吸はれし
十五の心　（石川啄木）

48 冒頭文×文体練習 文体練習

有名な小説の冒頭文を、さまざまな文体で書き換えてみる活動です。

ジャンルや媒体によって文体が異なることや、言葉の選択によって同じ内容でも伝わり方が変わることを学びます。

【生徒作品例125～126頁参照】

準備するもの 教師:ワークシート、作品例　生徒:なし

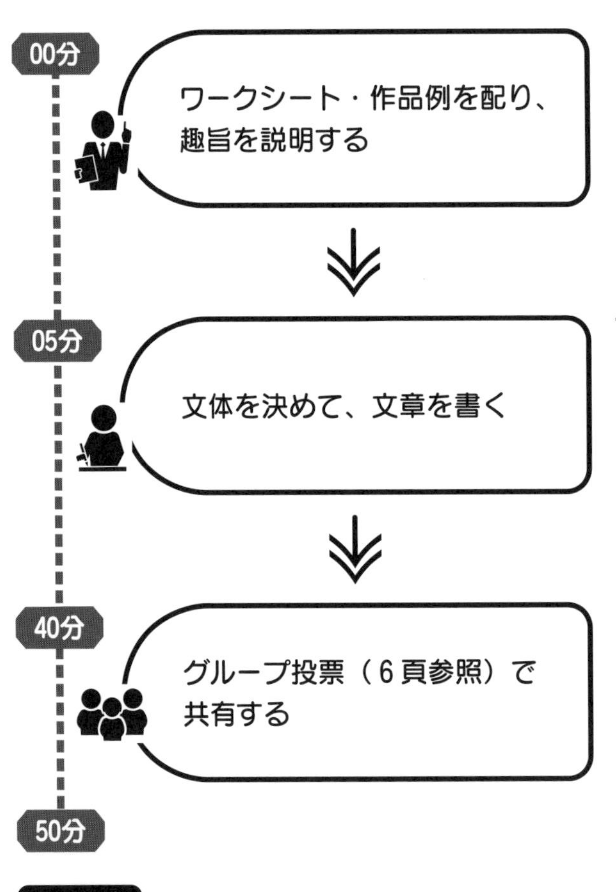

▶アナウンサー、政治家、タレント……話し方にはいろいろな「くせ」があります

▶小説、新聞、インターネットの記事など、書かれる場所によっても言葉遣いは変わりますよね

▶プリントにある小説の冒頭文を、いろんな「文体」で書き変えてみましょう

▶最初にテーマを決めます。アナウンサー、政治家、新聞記事など、どういう文体にしたのかを書いてくださいね

▶テーマが決まったら、さっそく書いてみましょう

ポイント

・作品集づくり（6頁参照）でのフィードバックも効果的です。

●参考文献・先行実践

レーモン・クノー著、朝比奈弘治訳『文体練習』（朝日出版社、1996年）

●アレンジ　古文×文体練習　詩×文体練習

文体練習

クラス（　　　）番号（　　　）氏名（　　　　　　　　　　）

吾輩は猫である。名前はまだ無い。

どこで生れたかとんと見当がつかぬ。何でも薄暗いじめじめした所でニャーニャー泣いていた事だけは記憶している。吾輩はここで始めて人間というものを見た。しかもあとで聞くとそれは書生という人間中で一番獰悪な種族であったそうだ。この書生というのは時々我々を捕えて煮て食うという話である。しかしその当時は何という考もなかったから別段恐しいとも思わなかった。ただ彼の掌に載せられてスーと持ち上げられた時何だかフワフワした感じがあったばかりである。掌の上で少し落ちついて書生の顔を見たのがいわゆる人間というものの見始であろう。

「吾輩は猫である」

メロスは激怒した。必ず、かの邪智暴虐の王を除かなければならぬと決意した。メロスには政治がわからぬ。メロスは、村の牧人である。笛を吹き、羊と遊んで暮して来た。けれども邪悪に対しては、人一倍に敏感であった。きょう未明メロスは村を出発し、野を越え山越え、十里はなれた此のシラクスの市にやって来た。メロスには父も、母も無い。女房も無い。十六の、内気な妹と二人暮しだ。この妹は、村の或る律気な一牧人を、近々、花婿として迎える事になっていた。結婚式も間近かなのである。メロスは、それゆえ、花嫁の衣裳やら祝宴の御馳走やらを買いに、はるばる市にやって来たのだ。

「走れメロス」

キーワード【　　　　　　　　　　】

……………………………………………………

……………………………………………………

……………………………………………………

……………………………………………………

……………………………………………………

……………………………………………………

……………………………………………………

……………………………………………………

……………………………………………………

……………………………………………………

……………………………………………………

……………………………………………………

49 登場人物×視点の転換 アングルを変えて

教科書に掲載されている小説の一部分を、違う視点から書き換えてみる活動です。

主人公以外の登場人物に共感したり、小説を別の観点からとらえなおすことにつながります。

準備するもの 教師:ワークシート　生徒:なし

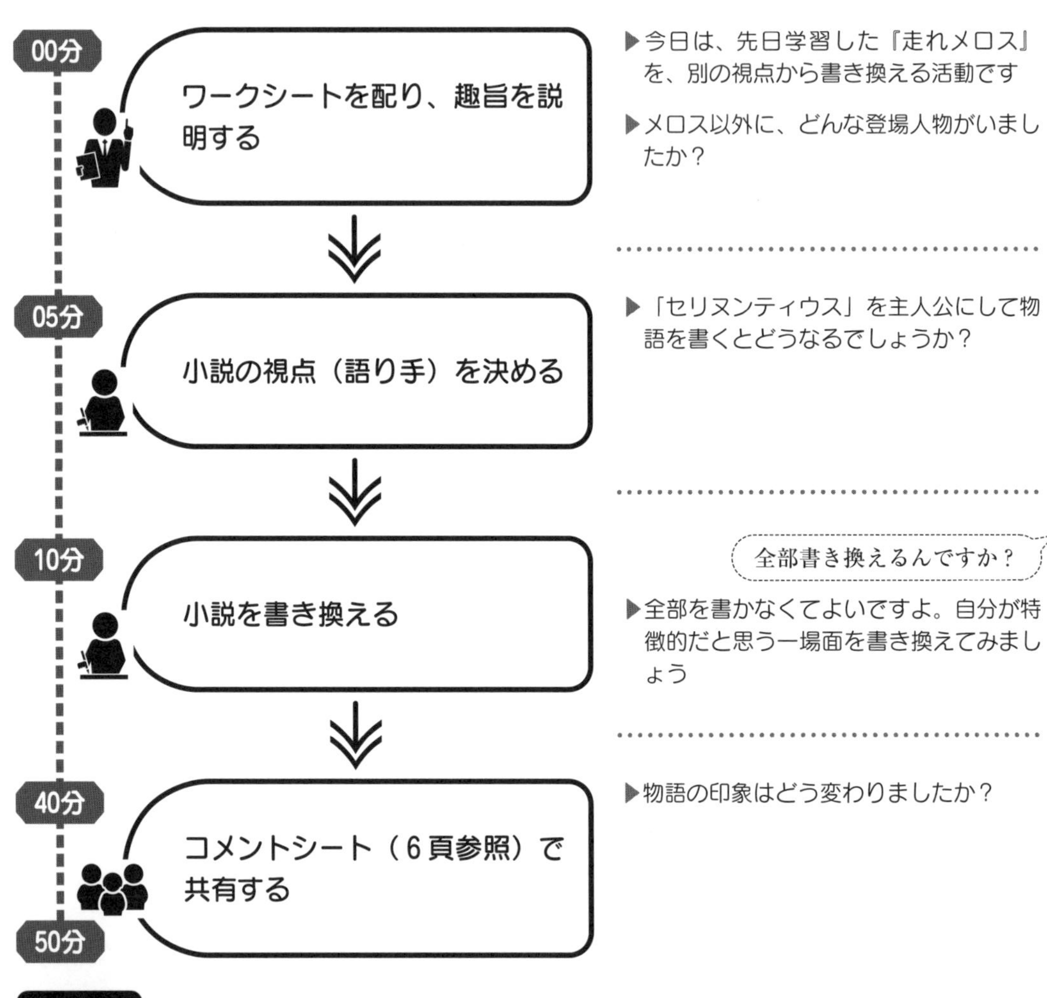

ポイント

- 授業の始めに、小説の語り手（一人称や三人称）について説明すると、学習効果が高まります。
- 作品集づくり（6頁参照）でのフィードバックも効果的です。

●アレンジ　(俳句)×(視点の転換)　(語釈)×(視点の転換)

アングルを変えて

クラス（　　　）番号（　　　）氏名（　　　　　　　　　　）

【　　　　　　　　　　　　　　】の視点から

50 絵画×ノベライズ 小説にしよう

絵画を見て、それを短い小説として書き直してみる取り組みです。

目で見て獲得した情報を文章化する作業を通じて、場面に応じた柔軟な表現力を伸ばすことがねらいです。

準備するもの 教師:参考資料(右ページ)、罫線ワークシート(120頁)　生徒:なし

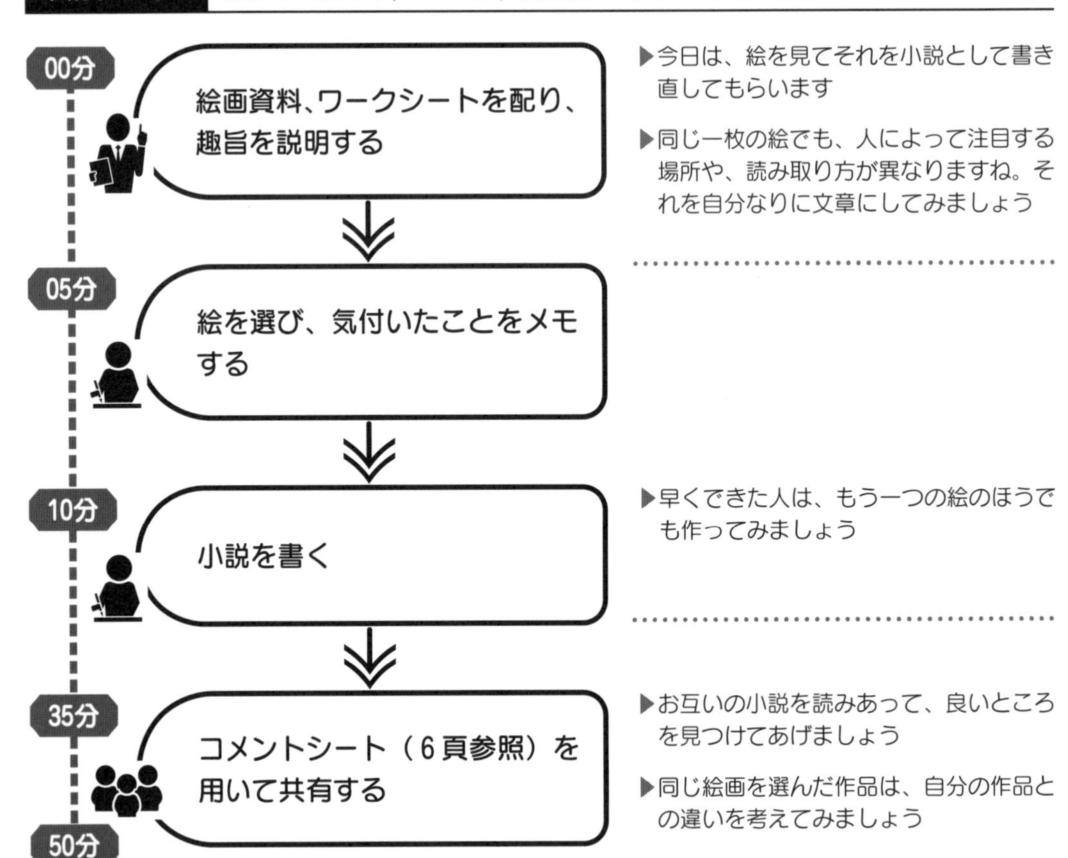

ポイント

・書き始める前に、絵を細部までよく観察し、気付いたことをたくさん挙げさせてください。後で小説を書くときに活きます。
・設備がそろうのであれば、プロジェクターやモニターを用いて、カラーで絵を示してみると、情報が加わり、生徒の創作意欲が高まります。
・作品集づくり(6頁参照)でのフィードバックも効果的です。

●**参考文献・先行実践**
歌川広重「東海道五十三次　庄野(白雨)」(パブリックドメイン美術館 http://www.bestweb-link.net/PD-Museum-of-Art/)
ウィンスロー・ホーマー「二枚貝の篭」(GATAG フリー絵画・版画素材集 http://free-artworks.gatag.net/)
●**アレンジ** (俳句)×(ノベライズ)　(漫画)×(ノベライズ)

小説にしよう　参考資料

クラス（　　　）番号（　　　）氏名（　　　　　　　　　　　）

絵をよく見て、気付いたところを挙げていこう。

①

②

気付いたところ

月　　日

クラス（　　　）番号（　　　）氏名（　　　　　　　　）

6 「作詞家になろう」生徒作品例

（授業プランは 18 頁、19 頁に掲載されています）

教科書掲載作品、井上ひさし『握手』の学習後に実践したものです。

◎作品例１

葉が色づき始めたころ
僕と先生は出会った
差し出された大きな手
力強い握手をした

葉桜が生い茂る頃
僕と先生は再会した
差し出された大きな手
やわらかい握手をした

◎作品例２

いつもいつも　あなたは指を使う
everyday everything
怒るときも　ほめるときも
その指で僕らの心をうごかす
Oh ルロイ
いつも指で伝えながら
僕らを育てた
もうその指は決して見れない

◎作品例３

この握手に込められた意味は
あなたに伝わっていますか。
握手をすると今でもあなたとの
楽しかった思い出が頭に浮かびます。
この握手が最後になろうとも
意味は変わらない。
「ありがとう」

8 「なったつもりで」生徒作品例 （授業プランは22頁、23頁に掲載されています）

満開

さくら　はなえ

私のおはなが満開になったとき
私のあしの上には
なぜか人があつまる
人は私しかみていない
でもね
あなたたちのあしもとに
目立たなくても
どんなに小さくても
きれいなおはなが
さいてるよ

ほこり

ほこり　さぶろう

ぼくのすきな人間
そうじしないヤツ
ぼくのすきな物
うごかないヤツ
ふふ　もう　まっしろ

声の配達人

ス・ピーカー

ぼくはみんなの声を届ける
配達人
みんなが聞こえやすいような声を届ける
配達人
活動時間は
昼食の時間
そうじの時間
たまにまちがったことも
しゃべるけど
こんなぼくでもよろしく

入道雲

かみなり　あられ

ぼくはいつも悲しい
黒い顔をみんなに向けて
たくさんのなみだをふらせて
ごろごろわめく
いつかは
ぼくも
笑いたいな

孤独な野菜

山田・ピーマン

オレはピーマン
緑色の服をまとった
孤独な野菜
好きで孤独なわけじゃない
オレが皿に乗ると
「うわー今日もピーマン？」
と子供達が言いやがるのだ
ふざけるな
種を飛ばすぞ
新人のパプリカのほうが
人気がある気がする
栄養がたくさんあるんだぞ
だからおとなしく
オレを食え！
「うわー今日もピーマン？」

10 「名作短歌を本歌取り」生徒作品例

（授業プランは26頁、27頁に掲載されています）

（本歌）「寒いね」と話しかければ「寒いね」と答える人のいるあたたかさ　俵万智

「何点？」と話しかければ「ヒミツ」だと言う人いつもよい点とってる

「ごめんね」とあやまったけど「もういい」とすねられてしまうこのむなしさ

「つかれた」と話しかければ「大丈夫」と答える友の声つかれてる

（本歌）石がけに子ども七人こしかけてふぐをつりをり夕焼け小焼け　北原白秋

教室に仲良し五人集まって話をしながら夕焼け小焼け

（本歌）思いきり愛されたくて駆けてゆく六月、サンダル、あじさいの花　俵万智

思い切り打って走ってホームイン　メガネの傷と勝利を祝う

（本歌）なにとなく君に待たるるここちして出でし花野の夕月夜かな　与謝野晶子

何となく君に会えるような心地して出でし階段人ごみの中

（本歌）大といふ字を百あまり　砂に書き　死ぬことをやめて帰り来れり　石川啄木

人という字を百あまり手に書きて緊張せずに挑む戦い

47 「なりきり歌物語」生徒作品例

（授業プランは112頁、113頁に掲載されています）

いちはつの花

私が寝ている部屋の縁側から見える庭に、松の木やその他の草に交じって、一輪のいちはつの花が咲いている。そろそろ春が終る季節だな。最近、体調がすぐれない。喀血の頻度が増し、菌が背骨に入ったせいか、腰痛がとてもひどい。やりたいことがたくさんあるし、書きたい短歌がある。しかし、私の命も今年限りかもしれない。さようなら、花よ。お前の姿を見ることができるのも、今年で最後のようだ。

いちはつの花咲きいでて我目には今年ばかりの春ゆかんとす

（正岡子規）

愛と一緒に

恋とか愛とかすてきだと思う。「私も恋したいなぁ」と思う晶子。だが時代は恋や愛より勉学や道徳を大切にする。そして、結婚相手でさえ、親に決められてしまう。私たちは人間だ。好きなように恋したり、人を愛したりする権利があるのだ。晶子はそう思っていた。そんな晶子は一人の男性に惹かれた。晶子は彼が好きで好きでしかたなかった。その男性も晶子のことが好きだった。二人は一緒に色々な場所に出かけた。例えば二人で喫茶店でお茶したり、話題のあいすくりむを食べたりした。二人は愛をはぐくみ、結婚まで考えていた。そんなころ、彼に新しい仕事の依頼が入った。仕事は地方だったので、彼は晶子か仕事か、選ばなくてはならなかった。彼はあっさり仕事をえらんだ。晶子は傷つき、この歌を作った。

やは肌のあつき血汐にふれも見でさびしからずや道を説く君

（与謝野晶子）

デート

今日は、初めて君と「デート」した日。なのに、何も進展はない。つなごうと伸ばした手には力が入らず、近づこうとすると変な汗をかいてしまう。そんなことを考えていると、観覧車はもうてっぺんまで来てしまった。

今、僕はどんな顔をしているんだろう。後悔とか寂しさとか色々混ざって複雑な顔なのかな。君は今、どんな顔？　観覧車が楽しくて笑ってる？　何も話さない僕に苛立ってる？　それとも、僕と同じ顔…？　夕日の逆光で君の表情がわからない。

でも、僕と君の気持ちが同じはずがない。僕にとっては「デート」でも、君にとっては「男友達との遊び」。「デート」をしてくれたのも、君の優しさ。

想いは届かぬままでいい。この距離がいちばん心地よい。

観覧車回れよ回れ想ひ出は君には一日我には一生

（栗木京子）

48 「文体練習」生徒作品例

（授業プランは114頁、115頁に掲載されています）

【ニュースキャスター】

メロス氏が激怒しているという情報が入ってきました。必ず、邪智暴虐の王を除かなければならないと決意を表明した模様です。メロス氏は村の牧人であり、政治は分からないということで、村の住民からの話によると、笛を吹き羊と遊ぶ怠惰な毎日を送っていたようですが、悪に対しては人一倍敏感で周囲から距離をおかれていたということです。妹の結婚式の買い出しに来たのにもかかわらず、この会見をもうけたことから、一部の専門家からは人間性を問題視する声も上がっています。

【友人の話】

そこでメロスはさ、激怒したんだよ！面白いだろ？必ずかの邪智暴虐の王を除いてやろうと決意したんだってさ。で、メロスは政治のことが分からないでしょ？それに村の牧人だったからさ、羊と遊んで暮らしてきたわけよ。だけどさ、悪いってことに関しては人一倍敏感だったんだよ。今日の深夜にメロスは村を出てさ、十里も離れたこのシラクスまで来たんだよ。すごいよな？でさ、メロスには両親も女房もないんだけど、十六歳の妹とくらしてんのよ。この妹がさぁ、そろそろ結婚すんのね。だからメロスは結婚式の準備のためにはるばるシラクスにまできたんだよ。

【マラソンの実況】

㊊さあ、メロスが怒っているー。そうですね、この局面でメロスは王を抑えつけなければならないですねー。

㊎でもメロスは政治が分かりませんからねー。

㊊はい、そんなメロスの基本情報です。メロスは２０年前小さな村の牧人の子として生まれ、笛を吹き、羊と遊んで暮らしていたそうです。

㊎だからなんですかねー。すごく悪い人を嫌いますね。

㊊はい。このレース、今日未明に始まった訳ですが、ついにシラクスまでやってきました。

㊎長いレースも終りを迎えようとしていますね。メロスは父と母を亡くし妹と暮していると聞きました。

㊊はい。その妹さんが結婚するということで、御馳走などを買いにきたということです。その妹さんのためにも必ずこのレース、王に勝ってもらいたいものですね。

【間違ったツンデレ】
べっ別にメロスは怒ってたわけじゃないんだからね！　あの悪い王様を除く…なんて思ってないし！　メロスは村の牧人で、政治？　わからない…わけないでしょ。バカにしないでよ！　笛を吹いて羊と遊ぶ…　なんてそんなことするわけないじゃない！

【本当に？】
吾輩は猫なのか？名前は本当に無いのか？自分はいったいどこで生れたんだ？薄暗いじめじめした所でニャーニャー泣いていた事しか記憶していないのか？吾輩が人間を見たのは本当にここが初めてなのか？どうやら聞いた話によると書生という一番獰悪な種族らしいが本当に獰悪なのか？そいつらは我々を捕えて煮て食うというのは本当なのか？

【ネガティブ】
私は猫に産まれてしまいました。名前なんてもらえるほどの者じゃないんです。
本当になぜ私なんかが産まれてしまったのか…。私には、お似合いの薄暗くじめじめした所で聞くに堪えない声で泣いていたのは、記憶に刻まれています。

【後悔】
メロスは激怒しちゃった…。必ず、あの邪智暴虐の王を除かなければいけないと決意しちゃった…。メロスには政治がわからないんだ…。メロスは村の牧人なんだ…。笛を吹き、羊と遊んで暮らして来ちゃった…。
はぁ…。それなのに邪悪に対しては人一倍敏感なんて…。きょう未明メロスは村を出発してしまい、野を越え山越え、十里はなれたこのシラクス市にやってきちゃったよ…。メロスには父も母も無いもんな…。女房もないし…。あの十六の内気な妹と二人暮らしなんて…。この妹は、村の或る律気な一牧人を、近々、花婿として迎える事になるんだ…。負け組だわ…メロスは…。メロスは、それゆえ、花嫁の衣裳やら祝宴の御馳走やらをわざわざ買いに、はるばる市にやって来てしまったんだよ…。なんでこんなことになってしまったんだ…。

ラクイチシリーズ情報コーナー

ラクイチシリーズに参加しませんか？

ダウンロード

ラクイチシリーズでは、多くのワークシートをダウンロードしてお使いいただけます。

Word データですので、アレンジが可能です。

※一部ダウンロードできないものもあります。

「中学国語ラクイチ授業プラン」ダウンロード URL

http://www.gakuji.co.jp/rakuichi_kokugo

情報募集

以下のような情報をお寄せください。お待ちしています！

・本書の感想

・本書の実践レポート

・実践によって出来た生徒作品　※生徒名は匿名でお願いします

・ソフトとハードの組み合わせを変えた、新しいラクイチ授業プランのアイデア

・他の先生に紹介したいオリジナルのラクイチ授業プラン

「ラクイチ授業コミュニティ」メールアドレス

rakuichi@gakuji.co.jp

情報発信

ラクイチシリーズの facebook ページがあります。関連情報やトピックスを発信しています。

Facebook ページ

http://www.facebook.com/rakuichi/

●「中学国語ラクイチ授業プラン」執筆者（◎は執筆代表）※執筆当時

◎関　康平　開智日本橋学園中学・高等学校
渡辺光輝　お茶の水女子大学附属中学校
廣瀬　匠　開智未来中学・高等学校
頭司俊史　開智日本橋学園中学校
高桑直樹　桜丘中学・高等学校
吉池　健　実践女子学園中学校・高等学校

●「ラクイチ国語」ダウンロード版（127頁参照）に含まれるコンテンツ一覧

1 本書に掲載されているワークシートのWord版

ラクイチ授業タイトル	タイトルNo.
すべて	No.1-50

ラクに楽しく1時間　中学国語ラクイチ授業プラン

2017年8月15日　初　版第1刷発行
2018年5月19日　第2版第1刷発行
2023年1月23日　第2版第3刷発行

編　著――ラクイチ国語研究会
発行者――安部英行
発行所――学事出版株式会社
〒101-0051　東京都千代田区神田神保町1-2-5
電話　03-3518-9655　https://www.gakuji.co.jp

編集担当　戸田幸子　編集協力　メディアクリエイト
イラスト　イクタケマコト　装　丁　精文堂印刷制作室／三浦正巳
印刷製本　精文堂印刷株式会社

ISBN978-4-7619-2342-6　C3037

素材(ソフト)カード

使い方：①カードを切り取ります。
②すべて裏返し、〈ソフト〉と〈ハード〉のカードを同時に一枚ずつめくります。
③出たものを組み合わせて、オリジナルの授業を発想してみましょう。

小説	和歌	ことわざ	オノマトペ
故事成語	詩	助詞	いろは歌
四字熟語	読書	短歌	文学史

点線にそって、きれいに切り取ってください。

素材(ソフト)カード

点線にそって、きれいに切り取ってください。

自己紹介	俳句	語釈
論理	登場人物	敬語
押韻	漢字	品詞
できごと	漫画	虚構(ウソ)

素材(ソフト)カード

点線にそって、きれいに切り取ってください。

同音異義語	外来語	部首
学校行事	古文	冒頭文
絵画	※オリジナル	※オリジナル
※オリジナル	※オリジナル	※オリジナル

学習活動〈ハード〉カード

使い方：①カードを切り取ります。
②すべて裏返し、〈ソフト〉と〈ハード〉のカードを同時に一枚ずつめくります。
③出たものを組み合わせて、オリジナルの授業を発想してみましょう。

4コマ漫画	POP	本歌取り	おみくじ
造語	作詞	口語訳	英訳
漢文	挿絵	擬人化	視覚

点線にそって、きれいに切り取ってください。

学習活動(ハード)カード

点線にそって、きれいに切り取ってください。

連想	宝探しパズル	ワードサーチパズル
ブロック分割パズル	かるた	食レポ
質問ゲーム	改悪例	すごろく
選択式クイズ	こじつけ	キャスティング

学習活動(ハード)カード

ロールプレイ	ディベート	音　読
句　会	造　字	キャッチコピー
名前当てクイズ	辞書づくり	漢字一字
なぞなぞ	コラージュ	新　聞

点線にそって、きれいに切り取ってください。

学習活動(ハード)カード

日記	物語	比喩
列挙	私訳	歌物語
文体練習	視点の転換	ノベライズ
※オリジナル	※オリジナル	※オリジナル

点線にそって、きれいに切り取ってください。